法学教育现代化的地方实践

四川大学法学教育史略

刘昕杰 主编

四川大学出版社
SICHUAN UNIVERSITY PRESS

图书在版编目（CIP）数据

法学教育现代化的地方实践：四川大学法学教育史略 / 刘昕杰主编 . 一 成都：四川大学出版社，2023.5
ISBN 978-7-5690-6123-9

Ⅰ. ①法… Ⅱ. ①刘… Ⅲ. ①法学教育－教育史－研究－四川 Ⅳ. ① D927.71

中国国家版本馆 CIP 数据核字（2023）第 086659 号

书　　名：法学教育现代化的地方实践：四川大学法学教育史略
　　　　　Faxue Jiaoyu Xiandaihua de Difang Shijian: Sichuan Daxue Faxue Jiaoyu Shilüe
主　　编：刘昕杰

选题策划：王　冰
责任编辑：王　冰
责任校对：毛张琳　陈　蓉
装帧设计：青于蓝
责任印制：王　炜

出版发行：四川大学出版社有限责任公司
　　　　　地址：成都市一环路南一段 24 号（610065）
　　　　　电话：（028）85408311（发行部）、85400276（总编室）
　　　　　电子邮箱：scupress@vip.163.com
　　　　　网址：https://press.scu.edu.cn
印前制作：四川胜翔数码印务设计有限公司
印刷装订：四川省平轩印务有限公司

成品尺寸：148mm×210mm
印　　张：6.75
插　　页：1
字　　数：141 千字

版　　次：2023 年 6 月 第 1 版
印　　次：2023 年 6 月 第 1 次印刷
定　　价：48.00 元

扫码获取数字资源

四川大学出版社
微信公众号

目 录

上
编

第一章　院系调整前后的
四川大学法学教育

一、迁校峨眉

1931 年，国立四川大学成立，校本部在成都城中心地带的皇城，理学院、法学院在南较场。抗日战争爆发后，1939 年 1 月，校长程天放为保护学校师生安全，避免无谓牺牲，提出将川大迁往成都西南 160 公里处的峨眉山。7 月 27 日，日寇出动飞机轰炸成渝。在此次轰炸中，国立四川大学皇城校本部和南较场理学院、法学院均中弹着火，至公堂、明远堂一带的办公区和教学区，留青园、菊园一带的宿舍区等，共 127 间房屋变成废墟。9 月，国立四川大学迁至峨眉山，设文、理、法、师范 4 个学院 19 个系，并正式复课。

在峨眉山期间，交通不便、物资匮乏，许多教授因此辞职。在如此艰难的环境下，国立四川大学法律系①教授坚持照常上课。不仅如此，法律系还添聘了胡元义、赵念非两位教

---

① 关于法律系的表述，时材料中存在"法律系"与"法律学系"混用的情况，本书中统一表述为"法律系"。

授。其间，吴永权任法学院院长兼任政治系主任，金孔章任经济系主任，胡元义接替朱显祯任法律系主任，学院共有学生456名。在课程安排方面，注重通识教育，大学一年级不开设与法律相关的科目。同时注重对学生语言能力和域外法律知识的培养，要求所有学生修习第二外国语和英美法课程。在科研工作方面，国立四川大学法学研究会组织法学月刊社，于1942年创办《法学月报》，由朱显祯、裘千昌、胡元义、余群宗任主编，经费一部分由学校负担，一部分来自法律系教授和毕业同学的捐款。[①] 在1941年高等司法官考试中，全国共录取205人，仅国立四川大学法律系学生就占33人，约占全榜名额六分之一。[②] 同年，在教育部举办的专科以上学校学业竞试中，川大法学院学生林诚毅以第一名的成绩获第一届丙类选决生资格，当年全国各高校法学院获此资格者仅6人[③]；次年竞赛中，川大法学院李亚言获丙类竞选决生资格，成绩依然位居榜首，全国各高校法学院获此资格者仅3人[④]。

　　1943年初，抗战即将取得胜利，国民政府改任黄季陆为国立四川大学校长。国立四川大学从峨眉山迁回成都，下设

---

　　① 　诚毅：《十二年来的川大法律系》，载《国立四川大学校刊》1943年第15卷第12期。

　　② 　《毕业同学消息：川大同学占六分之一》，载《国立四川大学校刊》1941年第11卷第4期。

　　③ 　教育部教育年鉴编纂委员会：《第二次中国教育年鉴》，商务印书馆，1948年版，第558页。

　　④ 　教育部教育年鉴编纂委员会：《第二次中国教育年鉴》，商务印书馆，1948年版，第562页。

文、理、法、农、师范 5 院 23 系，法学院设法律系、司法组、政治系和经济系，共有学生 456 名。吴永权时任法学院院长，胡元义转任同济大学法学院教授，裘千昌接任法律系主任并负责刑法总则、刑法各论、刑事诉讼法等课程的讲授工作。法学院新聘教授 12 人，一时全国多位法学家汇聚川大：刑法专家赵念非毕业于日本九州帝国大学法科，主讲刑法；刘世传为美国韦斯特大学法学学士、美国哈佛大学政治学硕士，主讲国际公法；杨兰荪为日本中央大学法学学士，曾任最高法院庭长，主讲宪法、行政法；龙守荣毕业于日本西京帝国大学法律科，主讲民法物权、民事诉讼法、国际私法；宋维经任最高法院庭长，主讲刑事政策；四川高等法院院长周淦主讲刑事特别法。法律系在原有课程的基础上增设了亲属法、海商法、继承法、公司法、票据法、强制执行法、破产法等课程，出版了一系列有影响的法学论著。国立四川大学逐渐形成了完整的法学课程体系和完备的法学教学模式。（见表 1-1）

表 1-1　国立四川大学法学院法律系教员及课程统计表[①]

姓　　名	负责课程
赵念非	刑法总则、刑法各论
裘千昌	民法债编总论
龙守荣	民法物权、民事诉讼法、国际私法

---

① 《国立四川大学法学院法律系教员及课程统计表》，《四川大学历史档案》，现藏于四川大学档案馆。

续表1-1

姓　名	负责课程
刘世传	国际公法、民事诉讼法、西洋外交史
江之咏	罗马法、法理学、英美法
龙显铭	民法债编各论、海商法、保险法、公司法、票据法、强制执行法
杨兰荪	行政法
张垂诚	民法亲属继承、民法总则、刑法概论
黄元贲	中国法制史
周　淦	刑事特别法
廖铭吉	诉讼实习
宋文钦	刑事审判实务
宋维经	民事审判实务
钟行素	土地法、劳工法

　　从峨眉山迁回成都后，国立四川大学法学院学生规模逐渐扩大，学生人数逐年增加。至1948年，川大法学院学生共计1870人，其中法律系476人、司法组416人、政治系410人、经济系568人。入学人数逐年增加，以法律系为例，1944年入学55人，到1948年增加至196人，4年间入学人数增加近3倍（见表1-2）。

表1-2　1948年国立四川大学法学院各系级学生人数统计表①

（单位：人）

系别	法律系		司法组		政治系		经济系		总计（年级）	
性别	男	女	男	女	男	女	男	女	男	女
一年级	172	24	134	5	121	5	101	20	528	54
	合196		合139		合126		合121		合582	
二年级	127	11	110	11	99	0	107	25	443	47
	合138		合121		合99		合132		合490	
三年级	77	10	72	2	101	2	137	39	387	53
	合87		合74		合103		合176		合440	
四年级	52	3	79	3	81	1	117	22	329	29
	合55		合82		合82		合139		合358	
总计（系/组）	428	48	395	21	402	8	462	106	1687	183
	476		416		410		568		1870	

　　在此期间，川大法学院的学生活动、科研工作也十分活跃。时法学院定期出版刊物3种，除法律系的《法学月报》外，还有经济系刊物《经济季刊》以及政治系刊物《大地政治论》，并陆续创办了衡平、平直、正风等9个法学研究会，每周开展专家演讲或专题讨论活动，继有《衡平》《平直》《正风》等法学旬刊出版。② 为培养学生的法律实务能力，法律系

---

① 《法学院各系级人数统计》，载《川大学生》1948年第1期。
② 雨田：《法律系概况》，载《川大学生》1948年第1期。

组织各系学生参与地方司法机关的实习调研工作，并创设法庭实习室即模拟法庭，内置法庭用具，以便学生实习之用。法律系还延续了早期民众法律顾问处的传统，为民众解答法律问题、提供法律援助并进行法律知识宣传工作。

二、办司法组

司法组是基于特殊时期对于法律实务人才的需要，为培植大批司法人才，鼓励高中毕业生志愿从事司法工作，设置于高校法律系内的一种司法官人才培养机制。司法组由司法行政部与教育部合办，兼具高校法律系与法官训练班二者职能。司法组学生毕业且通过两次考试即可取得法官资格。毕业试验（即毕业考试）仍需考试院派员主持，以符合司法官考试制度的形式并尊重考试院职权。开办司法组是中国近代法学教育培养法律实务人才的重要探索。

1941 年，司法行政部为储备法官人才，咨请教育部废止各法学法科招生限制办法。司法行政部与教育部商定高校设立司法组事宜，呈经司法院送行政院，于 1942 年 1 月 3 日第五八八次会议通过，并由教育部"高字第 32412 号"训令通令至各院校，自 1942 年施行。设置司法组属于特殊时期司法人员缺乏状态下"济穷处变之办法"。1942 年教育部要求先在国立中央大学、国立中山大学、国立西南联合大学、国立武汉大学、国立西北大学、国立四川大学、国立广西大学、国立湖南大学及私立朝阳学院法律系增设司法组，学制四年。每班每年由国库增拨经费 5 万元。① 后因设立司法组学校增多、司法经费紧张等问题，教育部以"和统一教部奖学金办法不合"为由，取消高校法律系司法组公费待遇。② 同年 10 月 22 日，司法行政部与教育部订定《法学院法律学系司法组必修科目表》，由教育部颁布及分令办理司法组之各校院查照实施。③ 司法组学生修学四年期满，即可进行毕业试验。首届毕业铨定资格考试由考试院直接组织考试委员会办理，之后则由司法行政部专门的法官考试机构典试委员会组织办理。起初仅有司法组毕业学生具备考试资格，后司法部发文提出修完司法组课程的法律系学生也具备考试资格，可参与司法组毕业铨定资格考试。

1946 年司法组第一班毕业，经教育部函请考试院举行铨定资格初试。国民政府派曾昭琼为国立中山大学办事处主任、裘千昌为国立四川大学办事处主任、李祖荫为国立湖南大学办事处主任，派李世军、邓春膏、于树德为监试委员。④ 在抗战高校内迁的背景下，第一届铨定资格考试于当年 5 月 9 日至 11 日在重庆沙坪坝中央大学、巴县兴隆乡朝阳学院、乐山文

① 吴学义：《论法学院司法组之设置及课程》，载《高等教育季刊》，1943 年第 3 卷第 1 期。

② 《教育部代电：高字第三七〇六一号（三十六年七月四日）：为变更司法组学生待遇，令仰知照》，载《教育部公报》，1947 年第 19 卷第 8 期。

③ 《教育部训令：第四二五三号（三十一年十月二十二日）：令中央大学等九校：令颁司法组科目表（附表）》，载《教育部公报》1942 年第 14 卷第 19—20 期。

④ 《国民政府令》，载《国民政府公报（南京 1927）》1946 年第 2565 期、第 2519 期。

庙武汉大学三处分别举行。① 铨定资格考试分为毕业成绩审查和笔试，笔试科目由考试院就大学或独立学院法律系司法组主要科目选定②，考试试题内容包括宪法、民法、刑法、民事诉讼法、刑事诉讼法、商事法规、国际私法、国父遗教、国文九部分③。司法组毕业试验由考试院派员主持，考试及格等同于高等考试司法官初试及格，不及格而成绩合于县司法处审判官标准的，得铨定为县司法处审判官考试及格。初试及格后，由司法行政部分派各地法院实习，一年期满，举行再试，再试及格即可正式任用为法官。1947 年司法行政部训令首届司法组初试及格人员在 1 年实习期的基础上再延长 6 个月，以代替司法官训练。④

　　设立司法组规定一经公布，即在各高校快速有序推行。1942 年秋季，国立四川大学连同国立中山大学、国立中央大学、国立武汉大学、国立湖南大学、国立广西大学等六所大学最先开班。1943 年 3 月国立复旦大学请准在法律系增设司法

---

　　① 《第一届司法组毕业生铨定资格考试》，载《教育通讯（汉口）》1946 年复刊 1 第 7 期。

　　② 《教育部指定各大学及独立学院设置法律系司法组毕业生铨定资格考试规则》，载《法令周刊》1947 年第 10 卷第 29 期。

　　③ 参见《三十六年各大学及独立学院法律系司法组毕业生铨定资格考试试题》，载《震旦法律经济杂志》1947 年第 3 卷第 8 期。《三十七年各大学及独立学院法律系司法组毕业生铨定资格考试试题》，载《震旦法律经济杂志》1948 年第 4 卷第 7 期。

　　④ 《司法行政部训令（京〔36〕训人三字第八七二六号，三十六年八月八日）：各大学司法组毕业生铨定资格考试及格人员延长学习代替训练》，载《法令周刊》1947 年第 10 卷第 34 期。

组，并于秋季开班。同年，国立西北大学、国立西南联合大学司法组于秋季开班。[①] 1946 年，国立山西大学设立司法组，1947 年国立云南大学呈请司法行政部设立司法组并予以核准。至 1948 年，又有包括华北文法院、东吴大学、暨南大学、广州大学、上海法政学院、福建学院等 31 所公立、私立高校设立司法组并参与毕业生铨定资格考试[②]，考试地点则有 13 处，包括南京、上海、北平、广州、成都等全国各大城市。[③] 全国参与考生 800 余人。

基于司法组的有效推行，为培养专业化法律人才，1945 年教育部要求各高校在师资设备允许的前提下逐步开展法律系分组工作，将法律系分为司法、行政法学、国际法学、理论法学四组，并优先设立司法、行政法两组。但是，由于各种现实条件的阻碍以及规则自身的重重弊端，包括国立四川大学在内的多所高校名义上添设行政法组，而具体工作并未落实。

司法组的设立属于特殊时期的变通办法，吴学义于司法组成立之初便认为司法组"俟二、三年后司法人才增加，不感十

---

①　谢冠生：《战时司法纪要》，司法行政部，1948 年版，第 411 页。

②　截至 1948 年，法律系设立司法组的大学有：民国大学、湖南大学、安徽大学、政治大学、英士大学、复旦大学、朝阳学院、山西大学、广西大学、中央大学、西北大学、武汉大学、上海法学院、兰州大学、贵州大学、北京大学、上海法政学院、暨南大学、东吴大学、中国学院、华北文法院、东北大学、中山大学、广州大学、四川大学、云南大学、福建学院、大夏大学、震旦大学。《各院校法律系司法组毕业生铨定资格放榜》，载《法声新闻》1948 年第 491 期。

③　《大学司法组毕业生铨定考试全部揭晓》，载《中央日报－永安》1948 年 1 月 25 日第 2 版。

分缺乏时，即予废止，仍回复正常之考试制度，以慎选贤能，而免前后难易之不公平"①。

国立四川大学法学院法律系自 1942 年秋添设司法组以来，即以大量培养司法人才为主要任务，每年招生两班。至 1948 年，共招收 6 届，据 1949 年秋季统计，川大法学院各年级司法组学生共计 424 人，占法学院总人数的 21%。② 川大法学院司法组共有教员 7 名，其中教授 5 名，助教 2 名。法律系裘千昌教授任司法组毕业生铨定资格考试典试委员会办事处主任。

川大法学院司法组课程设置与教育部规定课程一致，必修课有国文、英文、民法总则、经济学、政治学等 42 科，选修课有土地法、户籍法等科目。相较于法律系，司法组增加了伦理学、军事学、三民主义、英文阅读等通识类课程，以及民事、刑事审判实务，检察实务等司法实务类课程，并安排实习和法院参观调查工作（见表 1-3）。1947 年川大司法组毕业生铨定资格考试及格人数 49 人，其中司法组学生 36 人，法律系学生 13 人；1948 年川大司法组毕业生铨定资格考试及格人数 57 人，其中司法组学生 35 人，法律系学生 22 人。③

---

① 吴学义：《论法学院司法组之设置及课程》，载《高等教育季刊》1943 年第 3 卷第 1 期。

② 《西南区成都市国立四川大学（学院、专科）学生人数调查表》，载《四川大学全校概况（一）》，现藏于四川大学档案馆。

③ 《四川高等法院及部分大学法律系司法人员考试会计人员普考及格与毕业生铨考及具有高考司法官资格分发实习名册》，现藏于四川省档案馆。

表1-3　国立四川大学法律系司法组三十五年度应届毕业生课程表①

课程类型	科目			
	第一学年	第二学年	第三学年	第四学年
必修	国文	刑法总则	债编各论	国际司法
	英文	民法债编各论	刑法各论	刑事审判实务
	民法总则	民法物权	刑事诉讼法	民事审判事务
	宪法	中国司法组织学	民事诉讼法	检察实务
	经济学	伦理学	民事亲属继承法	公司法票据法
	政治学	英文阅读	行政法	英美法
	社会学	罗马法	中国法制史	法理学
	论理学	体育	形势政策	破产法
	法学绪论		海商保险法	公文程式
	三民主义		体育	国际公法
	军事学			强制执行法
	体育			体育
选修		户籍法	土地法	
		第二外国语（一）	第二外国语（二）	

在教学方面法律系侧重法律理论，司法组则以司法实务为主，但实际上二者在教学上均强调理论与实际兼顾，在培养方案、教学内容上没有实质性的差异。司法组是特殊历史背景下

---

①　根据《国立四川大学法律系司法组三十五年度应届毕业生历期课程编制一览表》整理，《四川大学历史档案》，现藏于四川大学档案馆。

的产物，随着时代的变迁和社会的转型，司法组在新中国成立后最终失去存在的意义。

三、新政初期

1949 年中华人民共和国成立，举国上下百废待兴，推动国家建设发展、培养专业化人才的历史使命对我国高等教育事业提出新的要求。新中国成立，国家接管各公立私立大学，留任优秀教师。为适应国家的政治经济文化需求，我国高等教育开始施行新民主主义和社会主义改造。在历史的浪潮下，中国的法学教育翻开了新的篇章。川大法学院承接早期的优秀学风，响应新中国号召，积极参与教学课程改革工作和院系调整工作，为西南地区政法学院建设、国家法学教育制度的完善做出了贡献。

1950 年 1 月 7 日，中国人民解放军成都军事管制委员会派出军事代表接管国立四川大学，根据中央关于"维持现状，即日开学"的方针，依靠学校教职员工，抓紧开学前的准备工作。[①] 同时聘谢文炳教授等组成川大校务临时管理委员会，1 月 9 日正式成立并处理四川大学的一切事务。1950 年 10 月 31 日，校务临时管理委员会结束，西南军委会文教部电会谢炳文教授等 17 人及学生代表两人为临时校务委员会委员集结

---

① 《四川大学史稿》编审委员会：《四川大学史稿（第二卷）》，四川大学出版社，2006 年版，第 3 页。

领导校务。① 新中国成立后，法学院教员多继续留校，并积极接受社会主义改造，致力于新中国高等教育改革事业，为新中国法律人才的培养、早期教育事业的探索实践做出重要贡献。

1950 年，彭迪先②任四川大学法学院院长，代理院长兼政治系主任朱驭欧③，法律系主任裘千昌，经济系主任黄宪章④。时四川大学法学院下设法律系、政治系和经济系三个专业。新中国成立之前，四川大学法学院共有教员 53 名，其中教授 23 名，副教授 4 名，讲师 14 名，助教 12 名。⑤ 法律系教员共 18 名，司法组教员共 4 名。

1950 年的法律系教员 12 人，其中专任教员 8 名，分别为裘千昌、赵念非、杨兰荪、伍柳村、张垂诚、白治平、吴淑

---

① 《四川大学全校概况（一）》，载《四川大学行政档案》，现藏于四川大学档案馆。

② 彭迪先，男，1908 年出生，四川眉山人。1923—1932 年就读于日本帝国大学经济系，1934 年毕业于日本帝国大学研究院，1934—1937 年任日本帝国大学经济系助教。回国后，曾就任国立北平大学政经系（联大）教授、国立武汉大学经济系教授，并于 1945 年 8 月来川大任教，先后任四川大学法学院经济系主任、院长。著有《世界经济史纲》《实用经济学大纲》《新货币学》《马克思未发表遗稿》《资本生产物的商品》《现代经济学论》等学术著作。

③ 朱驭欧，男，1906 年出生，湖南人，清华大学毕业，美国威斯康星大学政治系学士、硕士、博士，曾任中研院社会研究所副研究员、云南大学教授、系主任等职。1948 年 8 月来四川大学任教，时任四川大学法学院政治系主任。

④ 黄宪章，男，1904 年出生，湖南人，法国巴黎大学硕士，曾任上海法学院、暨南大学、西北大学、朝阳学院、齐鲁大学等校教授、系主任。1945 年 8 月来四川大学任教，时任四川大学法学院经济系主任。

⑤ 《四川大学全校概况（一）》，载，《四川大学行政档案》，现藏于四川大学档案馆。

昭、刘登芸；兼任教员 4 名，分别为龙守荣、樊建德两位教授以及李曙萍、邓明睿两位讲师。裘千昌任法律系主任。

　　裘千昌，1896 年出生，浙江奉化人。1922—1926 年就读于日本第五高等学校文科，1926—1929 年就读于日本九州帝国大学法科。回国后先后就任安徽大学教授、四川成都大学教授、广州中山大学教授、安徽中山大学教授兼系主任、四川大学教授、朝阳学院教授兼系主任，并于 1949 年 6 月回到川大任教，就任四川大学法律系兼系主任，并任教新民法原理课程。著有《债法总论》《票据法讲义》《民法总则讲义》《公司法讲义》等。① 赵念非，四川省大足县（今重庆大足区）人，1916 年留学日本九州帝国大学，受教于著名法学家牧野英一博士，1930 年获得法学学士学位。② 1943 年来川大法学院任教，新中国成立后担任马列主义法律理论课程讲授工作，兼任成都市人民法院副院长。杨兰荪教授讲授名著选读与国家法课程。兼任教授龙守荣③教授讲授国际私法课程，成都市人民法

---

① 《国立四川大学各单位主要负责人名册》，载《四川大学全校概况（二）》，《四川大学行政档案》，现藏于四川大学档案馆。

② 成都市中级人民法院：《成都法院志》，四川人民出版社，1997 年版，第 306－308 页。

③ 龙守荣，男，1887 年出生，重庆垫江人，日本西京帝国大学法律科毕业，历任北京法权讨论委员会秘书、京师地方审判厅推事。

院院长樊建德①兼任法学院教授并担任新司法制度与组织的课程讲授工作。

法律系原副教授伍柳村②、张垂诚二人，自愿降职为讲师，到中央党校进修学习。二人分别讲授新刑法原理、中华人民共和国婚姻法、新民法原理等课程，并负责专业实习工作。兼任讲师李曙萍、邓明睿分别担任政策法令与国际法的课程教授工作。助教有吴淑昭、白治平、刘登芸等，主要负责学生的专业实习相关事务。

政治系专任教授朱驭欧、吴永权、张国安③等三人，经济系专任教授黄宪章、熊子骏④、邓作楷⑤、彭迪先等。

---

① 樊建德，男，1914 年出生，山西定襄人，1937 年毕业于太原第一师范学校。先后任汾西县代理县长、晋绥边区高等法院秘书兼司法行政科长、临汾市市长，入川后历任成都军管会司法处处长、川西人民法院常务副院长兼成都市人民法院院长、四川省人民法院院长、四川省高级人民法院顾问。

② 伍柳村，男，1912 年出生，四川峨眉人，毕业于四川大学法律系，后留校任教，讲授刑法。

③ 张国安，男，1902 年出生，安徽人，清华大学毕业，曾任安徽省立大学教授、私立齐鲁大学教授、系主任、院长等职。1945 年 2 月来川大任教。《国立四川大学各单位主要负责人名册》，载《四川大学全校概况（二）》，《四川大学行政档案》，现藏于四川大学档案馆。

④ 熊子骏，男，1894 年出生，四川成都人，四川法政专门学校毕业，日本早稻田大学毕业，曾任光华大学、成华大学教授、系主任、院长等职。1948 年来川大任教。载《四川大学全校概况（二）》，《四川大学行政档案》，现藏于四川大学档案馆。

⑤ 邓作楷，男，1806 年出生，四川安岳人，北京大学毕业，巴黎大学博士班修业，曾任北京中法大学教授、嘉乐纸厂经理、华新丝厂经理、达中银号协理、永达制粉厂经理等。1950 年 3 月来川大任教。载《四川大学全校概况（二）》，《四川大学行政档案》，现藏于四川大学档案馆。

四川大学法学院学生规模为当时川大各文科类学院之最。1950 年川大法学院学生共计 1986 人，其中法律系 596 人，司法组 424 人，政治系 390 人，经济系 576 人。一年级学生共计 275 人，二年级学生共计 578 人，三年级学生共计 610 人，四年级学生共计 523 人。（见表 1-4）

表 1-4　国立四川大学（学院、专科）学生人数调查表①

系/组	法律系		司法组		政治系		经济系	
	男	女	男	女	男	女	男	女
一年级	63	8	42	7	56	1	85	13
二年级	128	19	113	13	113	9	145	38
三年级	201	21	124	3	108	5	123	25
四年级	146	10	111	11	98	0	126	21
总计	538	58	390	34	375	15	479	97
	596		424		390		576	

新中国成立初期，历经战火、多次搬迁重建的四川大学法学院面临着经费短缺、设备不完善等多种问题，科研设施简陋、教学环境艰苦。经费方面，法律系经费主要由学校向西南文教部揽支。（见表 1-5）

---

① 根据《四川大学全校概况（一）》整理，《四川大学行政档案》，现藏于四川大学档案馆。

第一章　院系调整前后的四川大学法学教育

表 1—5　1950 年四川大学法学院法律系经费及来源统计表[①]

货币	教学费数	教师工资		助学金		总计	经费来源
		人数	工资总数	人数	助学金总数		
当地现用单位	19.5 折实单位	专任 8 人	1135 折实单位	138 人	770 折实单位	1924.5 折实单位	由校向西南文教部揽支
折合人民币	97000 元		5675000元		3950000元	9622000元	

　　在设施方面，法律系全系仅有书柜 6 口、书桌 5 张、木椅 9 张[②]，且设置年久，多已破旧。与此同时，四川大学法学院保存了丰富的书籍文献资料，三系共留存珍贵图书杂志资料 3000 余册，报纸 300 余份。据 1950 年统计，法学院仅法律系就有图书杂志资料 1468 册，并于同年移送 685 册到四川大学校图书馆。法律系时存图书杂志资料共 783 册，其中图书 684 册、杂志 5 册。[③]

　　尽管环境简陋、条件艰苦，但丰富的书籍资料、成熟的师资队伍、深厚的历史积淀为四川大学法学教育的发展奠定了坚实的基础。

---

　　① 该表摘自《四川大学全校概况（一）》，《四川大学行政档案》，现藏于四川大学档案馆。

　　② 《一九五零年度四川大学法学院法律系概况表》，载《四川大学全校概况（一）》，《四川大学行政档案》，现藏于四川大学档案馆。

　　③ 《国立四川大学教职员工学生及设备简明统计表》，载《四川大学全校概况（一）》，《四川大学行政档案》，现藏于四川大学档案馆。

四、教学改革

1950 年第一次全国高等教育会议确立了新中国高等教育的方针和任务，即"以理论与实际一致的方法，培养具有高度文化水平，掌握现代科学和技术的成就，全心全意为人民服务的高级建设人才"，进而提出在全国高校内实施教学改革。这一阶段的教学改革工作主要包括高校课程改革和院系调整两个方面。新中国成立初期，面对新的社会环境和历史使命，四川大学回应时代需求，踵事增华，稳步发展，锐意创新，积极参与国家教育教学改革工作。

（一）面向实务

新中国成立后，我国政法教育在过渡时期的总任务为"政法教育应与政法工作相适应"①。在新的历史背景下，法律系与司法组的培养目标趋于一致。彼时各地人民司法机构陆续成立，人民司法干部甚为缺乏。川大法学院基于国家建设人才需求的实际情况，以培养人民司法干部为主要任务，教学方法力求联系实际，注重司法实务能力的培养；同时，国家选任制度的变迁也使得司法组的设置失去价值；加之当时法律系学生多而教员少、教学经费不足、教学环境艰苦，难以同时支持法律系与司法组的教学培养工作，法律系和司法组不再具有单独设

---

① 黄松龄：《关于政法教育的方针任务》，载上海市高等教育局研究室、华东师范大学高校干部进修班、华东师范大学教育科学研究所：《中华人民共和国建国以来高等教育重要文献选编（上册）》，1983 年版，第 124 页。

立的必要。基于以上原因，废除司法组成为当时川大法学院法律系改革的重要任务之一。

1950 年四川大学法律系变革要点中明确提出：

　　解放前本系（组）在学校组织章程上形同独立之两系，关于设置课程及教员等均分别办理但课程内容除四年级有一二科之出入外，其余一二三年级完全相同。解放后临时校务管理委员会认为本系（组）在性质上没有特殊之差异即无分别之必要，乃在组织章程上列有法律系而未单列司法组，因之司法组即附于法律系之内，现本系（组）关于教员课程等项均系合并办理，惟原有司法组名义尚未经学校命令废除。[①]

从 1950 年起，四川大学法学院废除司法组，将原司法组未毕业之各班学生并入相同年级法律系各班内，同时删除司法组相应课程，秋季招生时仅收法律系新生一班。

1950 年教育部部长马叙伦提出整顿加强高等教育的方针，认为当下我国高等教育发展最重要的是"密切地配合国家经济、政治、文化、国防建设的需要"，高校应"根据理论与实际一致的原则，结合基本科学知识与专门技术知识，融合理论

────────────

　　① 《国立四川大学临时校务管理委员会组织大纲》，载《四川大学全校概况（一）》，《四川大学行政档案》，现藏于四川大学档案馆。

学习与业务实习，培养出全面发展的、有真才实学的、富有分析力和创造力的专门人才"①。在政法教育方面，黄松龄副部长在全国政法教育会议上的报告中提出，"政法教育应与政法工作相适应"，"政法教育的任务也就是适应政法工作发展的需要，有计划地培养热爱祖国、忠实于社会主义建设事业、具有坚定的工人阶级立场、掌握先进政法科学、熟悉专门政法业务的干部和法学家"②。

四川大学法律系立足国家建设需求，注重理论联系实践，侧重实务法律人才培养，与实务部门联系密切。法律系裘千昌教授兼任川西行署高级人民法院副院长，赵念非教授兼任成都市法院副院长，成都市人民法院院长樊建德兼任法律系教授，此外上述两法院干部大多为川大法律系毕业同学。新中国成立之初，废除旧法导致司法系统急缺办案人员，许多四川大学法律系的学生被提前分派到司法部门参与司法改革和司法工作。与实务部门的合作不仅为新中国政法工作建设输送了人才，也为在读法律系学生提供了宝贵的实习机会。在教学工作中，从 1950 年 12 月开始，法律系便安排一、二、三年级学生每周各在法院旁听实习一天，四年级学生更是分四批迁往法院内配合实际工作。

---

① 马叙伦：《第一次全国高等教育会议开幕词》，载上海市高等教育局研究室、华东师范大学高校干部进修班、华东师范大学教育科学研究所：《中华人民共和国建国以来高等教育重要文献选编（下册）》，1983 年版，第 211 页。

② 黄松龄：《关于政法教育的方针任务》，载上海市高等教育局研究室、华东师范大学高校干部进修班、华东师范大学教育科学研究所：《中华人民共和国建国以来高等教育重要文献选编（上册）》，1983 年版，第 124 页。

其他教员也积极参与新中国的建设，如胡恭先历任四川省政协第一至第五届全国司法会议，参与新中国《法院暂行组织条例》《刑法大纲》《诉讼程序通则》等法律草案的起草和修改讨论，并受到毛泽东、周恩来、邓小平等领导人接见，担任四川省政协第二届、第五届委员会委员。

（二）适应时代

教育部 1952 年提出"根据国家今后的政治任务及三年来全国高等学校政治理论课程教学实际情况的发展和要求，以及为了加强和提高学生的系统理论教育"，要求各大学按年级次序分别开发"新民主主义论""政治经济学"以及"辩证唯物论与历史唯物论"[①]，强调"政法教育工作中必须进一步贯彻理论与实际相结合、学习苏联先进经验与中国实际情况相结合的教学方针，积极进行教学改革，提高质量"[②]，要求各高校立足新中国实际，结合各自教学计划，开展课程改革工作。

四川大学法律系课程原以民国六法全书为主要内容，新中国成立后原六法全书废除，旧课程难以适应时代需求。法律系各教授学者一致认为应立即进行课程改革工作，经过多次商讨，

---

① 《关于全国高等学校马克思、列宁主义、毛泽东思想课程的指示》，载上海市高等教育局研究室、华东师范大学高校干部进修班、华东师范大学教育科学研究所：《中华人民共和国建国以来高等教育重要文献选编（上册）》，1983 年版，第 26—28 页。

② 黄松龄：《关于政法教育的方针任务》，载上海市高等教育局研究室、华东师范大学高校干部进修班、华东师范大学教育科学研究所：《中华人民共和国建国以来高等教育重要文献选编（上册）》，1983 年版，第 124—125 页。

决定参照华北高等教育委员会公布各大专学校文法学院各系课程暂行规定，基于川大法学院自身教学特色，及时关照实际社会需求，展开以马列主义为指导思想、以法学理论为主体内容和知识框架的课程改革工作，并在酌量试行中详加研究改造。

同年，由赵念非、杨兰荪、伍柳村负责的马列主义法律理论课教学研究指导组成立，法学院法律系全体专任及兼任教员十二人参与此次课程改革。此次课程改革为顺应国家课程改革需求，为培养符合时代要求的法律人才，充分遵循马列主义社会观、国家观及法律观，编制本科教学提纲和课程计划。（见表1-6）各参与者共同努力，制定出适应新民主主义以及社会主义时代需求的教学大纲和课程计划，是新中国教学改革的一次重要实践。

表1-6　1950年四川大学法学院法律系教师及课程

姓名	职别	专兼	本年所开课程	每周授课时数
裴千昌	教授兼主任	专任	新民法原理	4小时
赵念非	教授	专任	马列主义法律理论	4小时
杨兰荪	教授	专任	名著选读	1小时
		专任	国家法	2小时
伍柳村	讲师	专任	新刑法原理	8小时
张垂诚	讲师	专任	业务实习	4～8小时
		专任	政策法令	3小时
		专任	中华人民共和国婚姻法	2小时
		专任	业务实习	4～8小时

续表1－6

姓名	职别	专兼	本年所开课程	每周授课时数
白治平	助教	专任	业务实习	4～8 小时
吴淑昭	助教	专任	业务实习	4～8 小时
刘登芸	助教	专任	业务实习	4～8 小时
龙守荣	教授	兼任	国际私法	2 小时
樊建德	教授	兼任	人民司法工作	2 小时
李曙萍	讲师	兼任	政策法令	3 小时
邓明睿	讲师	兼任	国际法	2 小时

课程设置上，四川大学法学院开设马列主义法律理论、名著选读、政策法令等马列主义法律课程，增设新民法原理、新刑法原理、中华人民共和国婚姻法等符合国家发展需求、适应国家法律发展的部门法课程，并开设实习课程，鼓励学生参与实务工作，提升学生法律实践业务水平。

在此基础上，各年级均新增辩证唯物论与历史唯物论及新民主主义论课程，除此，一年级还新增新宪法原理课程，二年级新增政治经济学、马列主义法律理论、新民法原理课程，三年级增设政治经济学、新刑法原理、苏联民法研究、马恩列毛名著选读等课程，四年级增设政治经济学、土地政策法令等课程（详见表1－7）。同时取消司法组相关课程，删除了基于六法全书设置的部分部门法课程。

表1－7　1950年四川大学法学院法律系增设课程表

年级	一年级	二年级	三年级	四年级
新增课程	辩证唯物论与历史唯物论	辩证唯物论与历史唯物论	辩证唯物论与历史唯物论	辩证唯物论与历史唯物论
	新民主主义论	新民主主义论	新民主主义论	新民主主义论
	新宪法原理	政治经济学	政治经济学	政治经济学
		马列主义法律理论	新刑法原理	土地政策法令
		新民法原理	苏联民法研究	
			马恩列毛名著选读	

五、院系调整

新中国成立初期，高等学校数量有限、地域分布失衡等问题严重制约了国家的人才培养工作。院系调整源于国家经济建设的需要，也是学习苏联高等教育模式的结果。"一五"计划对培养高级专门技术人才提出了要求，鉴于经济建设对大量人才的需要与全国高校的整体现状，1951年，教育部部长马叙伦在政务院第85次政务会议上做了《关于1950年全国教育工作总结和1951年全国教育工作的方针和任务的报告》，提出"配合国家建设的需要，适当地、有步骤地充实和调整原有高等学校的院系。首先调整工学院各系，或增设新系，此项工作先从华北和华东作起"。1952年教育部根据"以培养工业建设人才和师资为重点，发展专门学院，整顿和加强综合性大学"

第一章　院系调整前后的四川大学法学教育

的方针，在全国范围内进行了高等院校的院系调整工作。按照苏联高等教育模式对我国原有的高等教育体制进行改革和调整，使之适应社会主义建设的需要，平衡全国高校地域分布状况，成为 20 世纪 50 年代全国高等教育改革的迫切任务。

1951 年至 1952 年，我国高校开启第一轮院系调整。这一轮院系调整工作从京津开始，涵盖全国各大行政区划，尤以华北、东北、华东三区的调整较为彻底，涉及院校占原高校总数的四分之三。调整后，全国共有高校 201 所，其中政法学院 3 所①，并按照苏联模式改组学科、设置专业。但至此，政法各院系并未做全面调整。

高等教育部在总结 1952 年院系调整经验的基础上，提出"对政法、财经各院系采取适当集中、大力整顿及加强培养与改造师资的办法，为今后发展准备条件"②。并准备继续在全国范围内开展有计划、有步骤的院系调整工作。

1955 年至 1957 年，我国进行了带有战略转移性质的第二次局部院系调整。内地高校由 1951 年的 87 所增至 1957 年的 115 所，在校生由占全国高校在校生总数的 38.6％上升到

① 载上海市高等教育局研究室、华东师范大学高校干部进修班、华东师范大学教育科学研究所：《中华人民共和国建国以来高等教育重要文献选编（上册）》，1983 年版，第 38 页。

② 《中央人民政府高等教育部关于一九五三年全国高等学校院系调整的计划》，载上海市高等教育局研究室、华东师范大学高校干部进修班、华东师范大学教育科学研究所：《中华人民共和国建国以来高等教育重要文献选编（上册）》，1983 年版，第 48 页。

44.1％。至此，全国高校基本上完成院系调整的任务，结束了院系庞杂纷乱、设置分布不合理的状态，走上了适应国家建设需要、培养专业技术人才的道路。20 世纪 50 年代的院系调整对中国当代高等教育产生了深远的影响，奠定了当代高等教育体系，决定了我国当代高等教育的分布格局。

四川大学院系调整工作始于 1950 年 10 月，学校先于全国进行了专业微调。1952 年 10 月 3 日，四川大学响应国家号召成立院系调整委员会，由四川大学校长周太玄担任主任委员，委员包括秘书室主任、教务长、总务长、各院院长在内。当年 10 月，主任委员改由谢文炳担任。[①] 1952 年 10 月，随着院系调整工作的持续开展，四川大学共调出 11 个系科，80 余名教师，1200 多名学生；调进其他院校 12 个科系，60 余名教师，640 名学生。[②]

1952 年下半年，经西南军政委员会政法委员会和文教部决定，四川大学法律系、政治系，连同重庆大学、贵州大学、云南大学等校的法律系和政治系并入西南人民革命大学总校，组建为革命大学政法系。稍后，以该校政法系为基础扩建为西南政法学院（今西南政法大学）。四川大学法律系、政治系共调出教师 17 人、随行家属 20 人，调出教师数占西南政法学院法学院教师数的三分之一。法学院法律系教授裘千昌、赵念非、章剑、杨兰荪，讲师伍柳村、陈义福、张垂诚，助教白治

---

① 党跃武：《院系调整与四川大学》，四川大学出版社，2015 年版，第 21 页。
② 党跃武：《院系调整与四川大学》，四川大学出版社，2015 年版，第 25 页。

平、吴淑昭、刘登芸等均调往西南政法学院。调出学生 386 人,占西南政法学院人数的 50%以上。^①

四川大学法学院调往西南政法学院教员名单及工资待遇见表 1-8。

表 1-8　四川大学 1952 年院系调整调往西南政法学院教员名单^②

单位	职称	姓名	性别	工资（元）		到校年月	任职情况
				旧	新		
法学院政治系	教授	朱驭欧	男	180	760	1948.8	教授、系主任
		吴其玉	男	180	500	1952.3	教授
		张国安	男	168	500	1945.10	教授
	讲师	叶玉荃	男	104	305	1945.3	助教、讲师
	助教	刘定勋	男	80	245	1950.3	助教
		杜昭仪	女	72	210	1946.7	人事组组员、教务处助理、教研室助教、政治系助教

①　西南政法大学校史编辑委员会:《西南政法大学校史》,西南政法大学校史编辑委员会,2003 年版,第 3 页。

②　《四川大学 1952 年院系调整调往西南政法学院教员名单》,载《四川大学行政档案》,现藏于四川大学档案馆。档案中仅列出 16 人,而其他文献记录教师调出 17 人。经查核史料,可能因吴君毅、邱坤二人原拟调离,但先后因故未调离,导致前后统计调出教师数存疑。

续表1-8

单位	职称	姓名	性别	工资（元）		到校年月	任职情况
				旧	新		
法学院法律系	教授	裘千昌	男	180	760	1943.5	教授、系主任
		赵念非	男	168	650	1941.8	教授
		章剑	男	180	600	1952.7	教授
		杨兰荪	男	156	500	1939.8	教授
	讲师	伍柳村	男	112	350	1950.8	讲师
		陈义福	男	96	305	1951.8	讲师
		张垂诚	男	104	375	1950.8	讲师
	助教	白治平	男	96	265	1946.11	助教
		吴淑昭	女	88	245	1947.8	助教
		刘登芸	女	88	245	1947.8	助教

　　调往西南政法学院后，原川大法学院各教员仍心系科研和教育教学工作。其中朱驭欧教授任西南政法学院图书馆主任，并当选为学院教育工会委员会委员。伍柳村致力于学术科研，同西南政法学院刑法教研室的同事一同撰写苏维埃刑法总论讲稿，并承担专修科的课程讲授任务。其在西南政法学院期间著有《什么是犯罪》一文。1957年西南政法学院首届科学研讨会主要围绕该文展开，会间亦就赵念非教授提交的《刑法中的因果关系》一文展开了激烈

研讨。①

　　至此，四川大学仅剩文、理两院，四川大学自身的法学教育随之中断。

---

① 西南政法大学校史编辑委员会：《西南政法大学校史》，西南政法大学校史编辑委员会，2003 年版，第 15—22 页。

第二章　恢复重建初期的 四川大学法学教育

一、复办法学

以 1952 年的院系调整为起点，新中国法学教育几经更张，逐步形成了以"五院四系"为核心的院校格局。[①] 然而在"文化大革命"期间，以"五院四系"为代表的全国政法教育几近瘫痪。院系调整时，全国法学专业在校生占高校在校生总数的 2%，"文革"之后则下降至不足 0.1%；1982 年法学专业毕业生数量仅满足社会需求的 9%；1983 年全国政法院系学生仅有 1.36 万人，占全国高校学生的 1.2%。[②] 日益萎缩的法学教育无法满足改革开放后国家对法学人才的需求。

面对法学专业人才稀缺的状况，1980 年 5 月教育部制定

[①] 王健教授对"五院四系"的由来进行了详细的历史梳理，参见王健：《"五院四系"的由来与未来》，《中国政法大学学报》2022 年第 3 期。

[②] 参见《教育部关于调整和发展高等学校文科教育的几点意见》，载何东昌：《中华人民共和国重要教育文献（1976—1990）》，海南出版社，1998 年版，第 2173—2174 页。

第二章　恢复重建初期的四川大学法学教育

了《加强高等学校社会科学研究工作的意见》①，特别提出应积极恢复政治学、法学等中断多年的学科。1982 年 10 月召开的全国哲学社会科学规划座谈会认为"我国哲学社会科学事业今后必须有一个大的发展"②。1984 年 4 月《教育部关于调整和发展高等学校文科教育的几点意见》中明确指出，当前文科教育存在"学生数量较少，特别是应用性文科的学生少，比例失调"③ 等问题。1985 年邓小平同志亲自指示"大力扩大、发展法律院校"；同年中央书记处指出，法律人才的极度缺乏与我国经济建设和法治建设的需要极不相称，"综合大学都要开设法律系，要增设中专性质的司法学校，培养法律人才。国家要逐步增加政法部门的教育经费和法律院校的基建投资"④。

　　在全国拨乱反正，恢复高考，加强哲学社会科学研究的背景下，首批高等政法院校陆续开始恢复重建。1977 年，"文革"期间幸存建制的北京大学法律系、吉林大学法律系、湖北财经学院招收了恢复高考后的第一批法律专业学生。同年，根据最高人民法院、公安部、教育部《关于恢复西南政法学院的

　　① 何东昌：《中华人民共和国重要教育文献（1976—1990）》，海南出版社，1998 年版，第 1818 页。

　　② 何东昌：《中华人民共和国重要教育文献（1976—1990）》，海南出版社，1998 年版，第 2066 页。

　　③ 何东昌：《中华人民共和国重要教育文献（1976—1990）》，海南出版社，1998 年版，第 2173 页。

　　④ 曹义孙、胡晓进、梁文永：《三十年中国法学教育大事记（1978—2008）》，中国政法大学出版社，2009 年版，第 44 页。

通知》，西南政法学院获准恢复办学①，开启了全国政法院校恢复办学的先河。1978 年，《第八次全国人民司法会议纪要》提出"恢复政法院系，培养司法人才"。同年 7 月中国人民大学在北京原址复建，并于当年招收大学生、研究生 1700 名，至 1984 年"新中国成立初期调整成立的政法院系迅速得到全部恢复"②。

　　在"每所综合大学都建立起法学专业"③ 的号召下，"五院四系"以外的综合性高校也纷纷创办法学教育，到 1980 年 7 月，除 4 所政法学院外，北京大学、中国人民大学、吉林大学、湖北财经学院、安徽大学、厦门大学、南京大学、中山大学、武汉大学、云南大学、杭州大学、山东大学、新疆大学、贵州大学、郑州大学、河北大学、山西大学、西北大学等 19 所大学恢复或批准新建了法律系或法律专业。总的来说，"1977 年、1978 年法学教育恢复以后，凡是历史上举办过法政学堂的大学都在千方百计地恢复"④ 法学教育。

---

　　① 姜朋：《须有清风属后来：吉林大学法学院史稿（1948—1998）》，法律出版社，2018 年版，第 205 页。

　　② 王健：《"五院四系"的由来与未来》，载《中国政法大学学报》2022 年第 3 期。

　　③ 《教育部关于调整和发展高等学校文科教育的几点意见》，载何东昌：《中华人民共和国重要教育文献（1976—1990）》，海南出版社，1998 年版，第 2173－2174 页。

　　④ 徐显明、黄进、潘剑锋、韩大元、申卫星：《改革开放四十年的中国法学教育》，载《中国法律评论》2018 年第 3 期。

第二章 恢复重建初期的四川大学法学教育

在全国政法院校复办的浪潮下，伍柳村等老一辈川大法学院师生向四川大学建议抓住复办机遇，积极恢复筹建四川大学法律系。1983 年根据国家教委批复，四川大学成立法律系法律专业筹建领导小组，由校党委组织部部长郭炳和担任组长、校设备处副处长秦大雕担任副组长，聘用"老川大"教授赵念非、吴淑昭等推动法律系恢复重建工作。同年 11 月 16 日，四川大学向教育部提交《关于申请建立法律系法律学专业并于1984 年招生 60 名的请示报告》①，申请建立法律学专业，并希望于 1984 年秋季开始招收本科生。

1984 年 1 月 23 日，根据《教育部、国家计委关于本校教学科研机构设置、组团出访及计划干部班招生的批复通知》②，教育部正式批复"同意四川大学增设法律学专业"。新筹建的四川大学法律系由省政协副主席、法学家潘大逵教授③任名誉系主任，筹备组副组长秦大雕任法律系总支书记，陈宜宽任总支副书记，筹备组副组长赵炳寿、秦大雕任副系主任。经过一年的筹备，1984 年 9 月四川大学法律系招收法律专业本科生

---

① 《关于申请建立法律系法律学专业并于 1984 年招生 60 名的请示报告》，载《四川大学行政档案》，现藏于四川大学档案馆。

② 《教育部、国家计委关于本校教学科研机构设置、组团出访及计划干部班招生的批复通知》，载《四川大学行政档案》，现藏于四川大学档案馆。

③ 潘大逵（1901—1991），著名爱国人士，中国民主同盟领导人，曾任上海大学法学院专职教授兼政治系主任，江西中正大学法学院教授，云南大学教授，重庆西南法学院教授兼政治系主任，重庆大学政治系教授及法学院院长，讲授政治学、政治思想史、欧美宪法史、外交史等课程，恢复建系时期任四川大学法律系名誉系主任。

50 名，自 1952 年院系调整起中断三十余年的川大法学教育正式恢复办学。

表 2-1　1977—1991 年全国高等政法院校情况统计表①

年份	全国高校（所）	政法院校系及设政法专业学校
1977	404	1 院（校）2 系
1978	598	3 院（校）3 系
1979	633	4 院（校）6 系
1980	675	4 院（校）14 系
1981	704	5 院（校）23 系
1982	715	6 院（校）28 系
1983	802	10 院（校）25 系
1984	902	18 院（校）43 系
1985	1016	23 院（校）48 系
1986	1054	26 院（校）54 系
1987	1063	26 院（校）60 系
1988	1075	25 院（校）81 系
1989	1075	25 院（校）81 系
1990	1074	—
1991	1075	25 院（校）91 系

---

① 朱景文：《中国人民大学中国法律发展报告 2013：法学教育与研究》，中国人民大学出版社，2014 年版，第 52 页。

二、重聚师资

"恢复高考后的中国法学缺乏必要的知识积累，某些领域在相当长一段时期没有合格的专业人才"[1]，清史学家戴逸先生以"法学幼稚""哲学贫困""史学危机""经济学混乱"[2]形容 20 世纪 80 年代我国人文社科领域的研究状况。面对社会发展对法学人才的迫切需求，法学教育的师资储备与人才培养存在一定程度的脱节，"幼稚"一说正是对 80 年代法学学科困境的直接反映。

重建初期的法律系面临的首要困难便是师资严重短缺。院系调整时，盛况空前的四川大学法学院（法律系和政治系）调整至西南人民革命大学政法系，后与重庆大学法学院、贵州大学法学院、云南大学法学院师生共同组成西南政法学院。1952 年四川大学法学院调出教师 17 人（随行教员家属 20 人），占西南政法学院教师数的三分之一；学生 386 人，占西南政法学

---

[1]　舒国滢：《求解当代中国法学发展的"戴逸之问"——舒国滢教授访谈录》，载《北方法学》2018 年第 4 期。

[2]　戴逸先生的说法存在多个版本，舒国滢回忆"戴逸之问"时表述为"法学是幼稚的、史学是混乱的、经济学是贫乏的、哲学是危机的"。参见龚津航：《我国法学研究的纵向思考——与杜飞进一席谈》，载《法学》1988 年第 7 期。舒国滢：《求解当代中国法学发展的"戴逸之问"——舒国滢教授访谈录》，载《北方法学》2018 年第 4 期。

院学生数的 50％。① 17 名教师中有教授 7 名、副教授 1 名、讲师 4 名、助教 5 名，既有朱驭欧、裘千昌、赵念非等知名法学家，也包括伍柳村、吴淑昭等后来投身川大法学重建的青年教师。

　　院系调整后，延续近半个世纪的川大法学教育发展中断。除吴永权②等个别教师因故留校外，几乎所有师资均调整至西南政法学院。建系前，仅有秦大雕、赵炳寿③等少数教师具有法学专业背景。据统计，1984 年法律系恢复重建之时，全系教职工只有 17 人（其中专任教师 12 人），包括：秦大雕、赵炳寿、陈宜宽、黄肇炯、杨经一、郭秋华、刘冀民、周威、李平、里赞、潘利平、安利平、陈长炎、刘吉林、毛天媛、陈大年、周士林。④ 由于法学教育中断十余年之久，缺兵少将是全国法学教育复办的普遍问题，薄弱的师资力量成为教学和科研的最大掣肘。1984 年《教育部关于调整和发展高等学校文科

　　① 《朱驭欧等教职工及家属等 37 人调入西南政法学院的函》《四川大学院系调整调往西南政法学院教员人数统计表》《四川大学一九五二年十月院系调整调往西南政法学院教员名单》，载党跃武：《院系调整与四川大学》，四川大学出版社，2015 年版，第 34—36 页。

　　② 院系调整时吴永权先生 66 岁，因体衰多病，得校方照顾留校，未随法学院搬迁。

　　③ 秦大雕（1932.7—2018.7.13），原中共四川大学党委委员、四川大学法律系党总支书记、四川大学法律系主任、国务院特殊津贴专家，四川大学法律系恢复建系主要筹备人。赵炳寿（1933.7.25—2018.3），原四川大学法律系副系主任、四川大学法学院院长，我国资深刑法学家，四川大学法律系恢复建系主要筹备人。

　　④ 参见四川大学法学院：《四川大学法学院发展历程纪要——纪念四川大学法学院恢复招生二十周年》。

38

教育的几点意见》中明确提到文科师资队伍，尤其是应用型文科师资紧缺的现状，当时法学学科"全国只有 1400 多人，其中教授 25 人，副教授 100 余人"。教育部认为"教师数量不足、水平不齐""年龄和知识老化""缺乏中青年骨干"是文科师资队伍面临的三大困境。

因此，教育部提出"鼓励一些师资力量较强的学校用多种形式支援那些师资力量薄弱的学校"，"鼓励一些有条件的理工科教师从事文科教育工作"。① 建系前 4 年间，川大法律系从全国优秀政法院系引进了一批法学专业毕业生充实学科队伍，还从泸州医学院邀请郭秋华老师为法律系开设司法精神病学、法医学等课程，进一步完善了法学课程结构。

由于复办最早、地缘相近，西南政法学院是川大法律系引进人才的主要对象。法律系重建之初，周威（1983 年）、李平（1984 年）、里赞（1984 年）3 位教师从西政毕业调入法律系，是最早的一批青年教师。此后如傅江（1985 年）、樵蓉德（1985 年）、谢蓉（1986 年）、张航（1986 年）、陈永革（1987年）、左卫民（1988 年）等教师陆续调入，充实了法律系发展的师资队伍。除西政人才之外，鲜江凌（1985 年由北京大学法律系调入）、王建平（1986 年由吉林大学法律系调入）、陈永革（1987 年由武汉大学法学院调入）等来自"五院四系"

---

① 何东昌：《中华人民共和国重要教育文献（1976—1990）》，海南出版社，1998 年版，第 2176 页。

的法学人才共同构成了川大法学教育师资的青年梯队。

　　在法律人才稀缺的环境下，全国的法政院校有合作，亦有人才竞争。川大法律系条件艰苦，在对外引进人才中"败北"的情况也时有发生。在向教育部提交的《请示报告》①中，法律系提出在师资准备上已经和卿希泰、赵增辉、伍柳村、黄绍炯（黄肇炯）、赵炳寿、陈康扬、秦大雕、胡玉晋、叶青勋、杨经浥（杨经一）、唐明德、周威等12名校内外教师达成意向，然而卿、赵（增辉）、胡、叶、唐五人实际未在法律系成立后担任教学工作。值得注意的是，规划中的12名教师中有8人是川大本校教职工，关于赵增辉、伍柳村、黄肇炯、叶青勋4名老师的调任，法律系成立前已与兄弟院校完成洽商。4名老师均有丰富的任教经验，是当时稀缺的学科带头人。法律系复办后，只有伍柳村和黄肇炯教授顺利调任。

　　为响应教育部"多选留一批优秀毕业研究生充实文科教师队伍"的号召，法律系自恢复办学起便着力培养本校人才留校任教。复办第二年获得刑法学研究生学位授予资格后，法律系迈入自我培养人才的良性循环。法律系刑法学硕士如向朝阳（85级）、高跃先（86级）、傅江（88级）、谢蓉（88级）、刘晴辉（89级）、陶涛（91级）、刘全胜（92级）、成凯（92级）等毕业生留校任教，为川大法学教育的后续发展注入了新鲜

---

　　① 《关于申请建立法律系法律学专业并于1984年招生60名的请示报告》，载《四川大学行政档案》，现藏于四川大学档案馆。

血液。

作为学科门类较为齐全的综合性大学，川大社科底蕴十分雄厚，保留了经济①、历史、外语、哲学、中文等社会科学专业。在兄弟院系的支持下，恢复建系筹备组充分挖掘校内学科资源，从哲学系调任陈康扬讲授法律逻辑，从经济系调任杨经一讲授经济法，从德育教研室调任黄肇炯讲授国际法，从中文系调任刘冀民讲授法律文书。1984年，哲学系毕业的潘利平和经济系毕业的安利平老师留校至法律系任教，校内调任陈长炎、刘吉林、周士林、陈大年、毛天媛等教师到法律系工作。1985年，历史系的李民教师和生物系的陈智伦教师调入法律系任教，岳崇清、胡桂娥、柯宁、杜耘理等教师校内调入法律系从事行政工作。恢复建系的几年内，校内调入的青年教师和留校的应届毕业生构成了法律系发展初期的骨干力量。

针对中年骨干教师工作任务过重、青年教师经验不足的情况，教育部提出要"采取多种形式举办教师进修班、讲习班或专题讲座"，应挑选一些骨干教师"送往国外进修或攻读学位"，鼓励青年教师"通过在职研究生、助教进修班"等形式进一步提高，"有条件的学校应加强国际间的校际交流和学术交流"。②

建系初期，由于人才紧缺，法律系大部分青年教师本科毕

---

① 新中国成立后，四川大学经济系是1976年之前全国仅有的12个高校经济系之一。

② 何东昌：《中华人民共和国重要教育文献（1976—1990）》，海南出版社，1998年版，第2175页。

业便投入教学工作。随着师资队伍的逐步扩充，青年教师得以放"学术假"，周威考取中国人民大学法学院研究生，李平、安利平前往武汉大学法学院民法经济法助教班进修，里赞前往西南政法学院进修学习，傅江、谢蓉考取川大法律系刑法在职研究生。青年教师主要通过学习进修和在职研究生两种方式提升学术水平。在国际交流方面，法律系与哥伦比亚大学、京都产业大学、圣路易斯大学、普林斯顿大学、华盛顿大学等国际知名高校建立了校际交流关系。日本学者清河雅孝、德国学者王文田，美国学者 Edwards、Michiner、Hasl 教授来校讲学，法律系陈智伦教授赴哥伦比亚大学进修、黄肇炯教授赴列宁格勒大学进修，秦大雕、赵炳寿、陈康扬、周威等教师亦前往国外考察交流，复办早期的国际交流拓宽了川大法律系的办学视野。

　　除了青年教师的引进，复办后的法律系确立了几名老教授作为学科带头人。赵念非先生①是民国早期留日的法科学生，1917 年先生考入日本东亚预备学校公费学习日文，后远赴东洋求学 11 载，自 1926 年起于日本九州帝国大学专攻法律，1930 年学成归国，自 1932 年起回川大任法律系民法教授。1933 年受到国民党政治压力，先生辞教成立"念非律师事务所"，担任五年律师，后短暂就职于中山大学法律系，于 1941 年回归川大，

---

　　① 赵念非先生生平资料参见赵宗虞：《忆四川大学顾问赵念非教授》，载政协大足县委员会文史资料委员会：《大足文史（第十辑）》，1994 年，第 118－125 页。

新中国成立后兼任成都市中级人民法院副院长，院系调整期间随川大法学院调至重庆。念非先生退休后迁居蓉城，传道授业，四川大学法律系恢复筹建之时，先生欣然应允担任法律系顾问。1985 年，念非先生作为学术带头人，开创了四川大学法律系首个法学硕士点，同年先生因病去世，享年 87 岁。

赵念非先生的学生伍柳村是民国时期川大法律系培养的刑法教授。伍柳村教授于 1933 年考入国立四川大学法律系，毕业后留校任教，历任助教、讲师、副教授、教授，院系调整期间调至西南政法学院担任讲师，于 1983 年 6 月晋升为刑法学副教授。得知川大法律系复办的消息，伍柳村教授数次申请工作调动。1985 年经四川大学与西南政法学院的争取与沟通，73 岁高龄的伍柳村教授回归母校任教。在伍柳村教授的力邀之下，刑侦法学家周应德教授亦于同年调至川大任教。同时，法律系先后以聘用的方式邀请李黎、凌楚瑞、杨洪福、吴淑昭、张和光等老教授加盟。[①] 不仅老一辈学者的学术造诣为学界所推崇，他们自民国法科起数十年积攒的实践经验在 80 年代也极为宝贵，老教授的加盟极大带动了法律系教学科研的发展，也扩大了川大法学在全国法学界的声望。

在全力保障教学的同时，法律系教师在法学科研方面不断探索。据不完全统计，从 1984 年恢复招生至 1994 年底，本系

---

① 据李平教授回忆，李黎、凌楚瑞、杨洪福为法律系从四川省高级人民法院和四川省人民检察院聘用的实务界专家。

教职工出版著作 66 部，发表学术论文 230 篇，其他成果 70 项。其中获得国家级成果奖 8 项，省级成果奖 15 项，校级成果奖 17 项。其中伍柳村教授参加编写的《中国刑法学》（教材）获全国优秀教材特等奖；周应德教授主编的《犯罪侦查学》（教材）被指定为全国法学统编教材；秦大雕副教授参加研究的"实行教学、科研与社会实践相结合，探索文科教育改革新途径"项目，分别获国家教委国家级优秀教学成果一等奖、四川省教委第二届优秀教学成果一等奖；伍柳村教授主编的"案例研究丛书"获四川省优秀科研成果奖；赵炳寿教授主编的《贪污罪挪用公款罪个案研究》获四川省社科成果三等奖；陈智伦副教授参加编写的《大汇流——论社会科学与自然科学的结合》获四川省社科成果优秀成果三等奖和四川省科学学与科技政策研究会优秀成果一等奖；左卫民教授撰写的《刑事诉讼基本结构论纲》一文获全国首届中青年诉讼法学优秀论文一等奖；里赞教授撰写的《现代日本社会保障法律制度》一文获全国外国法制史研究会优秀论文奖。

1988 年赵炳寿教授撰写的《司法体制改革初探》发表于《法学研究》①，伍柳村、向朝阳撰写的文章《发展商品经济与打击经济犯罪》刊载于《中国法学》②，中青年教师也纷纷开始在《四川大学学报》《法学评论》《法学译丛》等刊物发表文

---

① 赵炳寿、柯恩：《司法体制改革初探》，载《法学研究》1988 年第 6 期。

② 伍柳村、向朝阳：《发展商品经济与打击经济犯罪》，载《中国法学》1988 年第 4 期。

章。90 年代法律系教师发文量显著增加，据不完全统计，仅
1991 年便发表 50 篇论文。在缺乏教材的情况下，法律系组织
教师编著了一批法学学科教程，1985 年秦大雕主编《法学概
论自学大纲》，陈康扬参编《形式逻辑自学辅导》；1986 年赵
炳寿主编《法学概论自学指南》，潘利平参编《法律基础知
识》，同年黄肇炯教授翻译自捷克作家鲍罗维奇卡著作的《刺
客的枪声》① 出版；1987 年伍柳村、赵炳寿等主编的系列普法
读物"青年法律常识丛书"11 本出版，用通俗的语言向社会
普及法律常识。

　　为提升在法学院校中的影响，川大法律系先后承办了数次
全国性学术会议。1984 年，法律系承办全国自学考试法学教
材审稿会，北京大学法律系张国华等教授来校交流。次年法律
系先后受国家教委委托主办全国法学专业教学大纲编写讨论
会、法学教材编写大纲审订会。法律系师生先后接待一百余名
专家学者，在办学经费紧张的情况下，精心安排了参会专家的
食宿、航班、车票等保障工作，确保了会议圆满成功。专家学
者来校讲授法学课程，开展学术讲座，极大开拓了青年学子的
眼界，也使得青年教师受益匪浅。90 年代后期法律系师资日
渐完备，在完成教学安排的同时，教师有更多精力从事科研活
动。1998 年，法学院全面修订教学计划并制定《科研成果奖

---

　　① （捷）鲍罗维奇卡：《刺客的枪声》，杨叔予、黄肇炯编译，四川文艺出版
社，1986 年版。

励办法》，加大对科研成果的薪酬激励，学院日渐形成从事科学研究的良好氛围，向高水平法学院发展。

三、本科教学

建系前期，筹备组拟定的招生计划是"1984 年秋招收本科生 60 名"，稍后扩大招生，达到"每年招生 150 人，四年在校本科生 600 人"的规模。[①] 建系两年内的招生基本符合计划预期，1984 年四川大学法律系分两个班级招收首届学生 50 名，1985 年招收本科生 146 人，从 85 级毕业生规模来看，四川大学理科院系规模一般高于文科院系，数学系毕业 117 人、物理系毕业 136 人、化学系毕业 172 人，均位于前列。在 1989 年四川大学毕业的各院系学生中，四川大学法律系毕业 145 人，仅次于化学学院 172 人，居于第二位，远高于文科院系中的中文系 92 人、历史系 80 人、新闻系 48 人、工商系 59 人。[②] 同年法律系刑法学硕士点招收首批研究生 4 人，法律干部专修班 198 人、法律夜大专科班 77 人、函授部法律专业 305 人，各类办学班总招生人数超过 700 人。

办学规模迅速扩张反映了法律系恢复办学的决心，但实际的办学条件和师资力量难以支撑每年 150 人的招生计划。法律

---

① 《关于申请建立法律系法律学专业并于 1984 年招生 60 名的请示报告》，载《四川大学行政档案》，现藏于四川大学档案馆。

② 《一九八九年毕业生名单统计表》，载《四川大学教务档案》，现藏于四川大学档案馆。

第二章　恢复重建初期的四川大学法学教育

系招生人数自 1986 年开始回落，86 级本科生 104 人，87 级本科生下降至 74 人，1989 年仅招收 31 人，此后数年的招生规模一直保持在百人以下。1994 年法律系由系建院，法学院本科招生规模持续扩大，1998 年招生方恢复至 1986 年时的规模。

　　80 年代大学的学生培养情况与恢复高考初期全国高等教育的发展改革密切相关，刘海峰教授认为恢复高考初期的 77、78 级大学生具有"年龄差异巨大、社会阅历丰富，求知欲望强烈、学习格外刻苦、心态积极向上、敢于拼搏进取，但知识不够完整、外语基础较差"[①] 等群体特征，并在其后一篇文章中补充认为，77、78 级大学生还具有"来源复杂多样、成绩差别较大、女生比例较低、热衷基础学科"[②] 等特点。而恢复高考 8 年之后，法律系招收的本科生与 77、78 级大学生有何相似与变化，法律系学生培养呈现出何种特点呢？下面以 84—86 级本科生为侧重，考察法律系复办初期的学生构成和培养状况。从年龄差异来看，84 级学生出生于 1964—1967 年，85 级学生出生于 1965—1968 年，86 级学生出生于 1965—1969 年，总体而言，最小的本科生 17 岁，最大者不过 21 岁。可见在恢复高考制度 8 年后，法律系学生多为同龄人，77、78 级大学生年龄动辄相差十几岁的情况并没有出现。

---

　　① 刘海峰：《时代与人物的互动：77、78 级大学生群体扫描》，载《教育研究》2008 年第 12 期。
　　② 刘海峰：《恢复高考的复原与探新——兼论 77、78 级大学生的构成与际遇》，载《大学教育科学》2022 年第 3 期。

　　建系初期法律系多由四川①当地学生报考，随着法学教育的发展完善，川籍学生的比例呈下降趋势。84 级 50 名学生中川籍学生有 33 人，占总人数的 66％；随着 85 级迅速扩招，非川籍学生在法律系的数量迅速上涨，川外学生达到 68 人，占总人数的 46.8％；86 级非川籍毕业生为 54 人，已经超过川籍学生（45 人）。

　　不同于今天"研究生遍地走"② 的现象，研究生学位制度建立初期，本科生深造率极低。在 84 级 50 名本科生中，司马静等 3 名同学考取研究生；85 级有 2 名毕业生考取研究生；86 级 104 名学生毕业后均选择参加工作。以 84 级学生为例，分配派遣 47 名（实际派遣 46 人）③，派遣地以四川省为主（含重庆市 5 名），24 名毕业生派遣至成都、重庆、南充、德阳等市工作，其余 22 名毕业生前往河南、海南、贵州、新疆等地。绝大部分毕业生前往实务部门工作，4 名毕业生在高校

---

　　①　1997 年重庆方成为直辖市，本书按照 80 年代档案记载，将重庆视为四川省内进行数据统计。

　　②　根据教育部公告，2022 年全国硕士研究生报考人数为 457 万。"考研热"已经成为近年来不断被公众热议的话题，参见吉祥佩、李宜江：《近年来考研热现象的成因分析及其引导策略——基于布迪厄场域和文化资本理论的视角》，载《扬州大学学报（高教研究版）》2021 年第 3 期。

　　③　《本科 1988 年毕业生分配派遣名单及已复试研究生名单》，载《四川大学教务档案》，现藏于四川大学档案馆。关于 88 届（84 级）50 名本科生毕业分配情况，《本校 1988 年毕业生分派派遣计划》记载"1988 年法律系毕业本科生 50 人，录取研究生 3 人，可分配 47 人"，《本科 1988 年毕业生分配派遣名单及已复试研究生名单》则详细记载了 46 名毕业生的工作分配情况，可推测有一名毕业生实际未参加分配。

任教。有 18 名毕业生在公、检、法等法律实务部门工作，其余 24 名毕业生分配至政府部门，又以各地人事部门最多（14人），可见改革开放后国家建设对于法政人才的需求。

如今"法学院女生多，这已经是不争的事实"[1]，李勇对近年来传统政法大学毕业生性别统计数据进行分析后认为，"法学院校本科生和硕士生中女学生占多数已经成为普遍现象"[2]。但这一结论能回溯到哪一时期仍然有待考证，"1998年，法学还不是热门专业，女生极少"[3]，80 年代法律系的性别差异则更为明显。84 级 50 名学生中，女生仅有 18 人，占总人数的 36%；85 级 145 名毕业生[4]中，女生 54 人，约占总人数的 37%；86 级 103 名毕业生[5]中这一比例降到 34%；91级进一步降至 32%。可见在传统观念与教育发展水平的影响下，建系初期女性在川大法律系的人数始终低于男性，与如今

---

① 杨国华：《女生与法学院》，载《法制资讯》2014 年第 4 期。

② 参见李勇：《中国女性法学教育的发展、问题及反思》，载《法学教育研究》2020 年第 4 期。

③ 宋韬：《法学院院长：学术理想与学术责任——访东南大学法学院院长刘艳红》，载 https://www.thepaper.cn/newsDetail_forward_3250307，2022 年 9月 1 日访问。

④ 据《悠悠岁月：四川大学法律系恢复重建系十周年》《四川大学法学院发展历程纪要——纪念四川大学法学院恢复招生二十周年》等内部资料记载，1985 年共招收本科生 146 人，四川大学档案中 1989 年法律系毕业生共有 145 人，笔者推测或有一名学生中途退学。此处分析只涉及档案存有记载的 145 名同学，见《一九八九年本科毕业生名册》，《四川大学教务档案》，现藏于四川大学档案馆。

⑤ 同上，1986 级入学人数和毕业生人数相差一人，因材料有限，本书分析采用 103 名毕业生的数据。见《一九九零年本专科生名册》，现藏于四川大学档案馆。

女多男少的法学院学生性别情况形成了鲜明对比。

由于办学经验缺乏，加上师资、经费等条件限制，恢复重建初期法律系教学只能参照其他高校的办学经验，在探索中前进。1978 至 1984 年间，全国法学教育的恢复发展已经初见成效。1978 年 6 月，教育部在武汉召开了全国高等学校文科教学工作座谈会，会议拟订了《法学专业学时制教学方案（草案)》，供各院系参考。1980 年 8 月，司法部召开全国司法行政工作座谈会，专门研究法学教材的建设。会后正式成立了由司法部、教育部共同领导的法学教学编辑部，聘请著名法学专家和学者参与编写教材。1982 年司法部下发执行了《政法学院法学专业学时制教学方案（草案)》，同年出版 20 余种高等学校法学试用教材，为法学主干课程的开设提供了保障。

据李平老师回忆，川大的课程和教材设置是在综合全国政法院系经验的基础上，主要参照西南政法学院和北京大学法律系的教学安排制定完成的。[1] 较早复办法学教育的政法院系已经形成了一定的办学经验，西政复办早期拟定了专业外语、中国法律思想史、西方法律思想史、社会学、行政法、罗马法等 15 门选修课程[2]，该记载与建系前川大法律系拟定的教学计划（如表 2-2、表 2-3 所示）如出一辙，可见西南政法学院的办学经验对川大法律系的发展具有直接参考价值。

---

[1]　《李平老师访谈记录》，访谈人：张昊鹏，访谈时间：2022 年 6 月 9 日。

[2]　见西南政法大学校史修编委员会：《西南政法大学校史（1950~2020)》，法律出版社，2020 年版，第 88 页。

第二章 恢复重建初期的四川大学法学教育

表2-2 建系前法律系拟定教学计划（必修）①

课程名称 必修	上课总时数（包括课堂讨论）	每周上课时数							
		第一学期	第二学期	第三学期	第四学期	第五学期	第六学期	第七学期	第八学期
时事政治学习									
汉语	170	3	3	3					
外语	220	4	4	2	2				
逻辑学	70	4							
体育	150	2	2	2	2				
中共党史	90	3	2						
共运史	80			5					
哲学	130		4	3					
政治经济学	130	3	4						
法学基础理论	90	5							
政治学概论	50			3					
案法学	80		4						
中国法律制度史	80					4			
外国法律制度史	70							4	

---

① 四川大学校文字［83］第22号，《关于申请建立法律系法律学专业并于1984年招生60名的请示报告》，载《四川大学教务档案》，现藏于四川大学档案馆。

续表2-2

课程名称 必修	上课总时数 (包括课堂讨论)	每周上课时数							
		第一学期	第二学期	第三学期	第四学期	第五学期	第六学期	第七学期	第八学期
民法学	150				4	4			
婚姻法	40					2			
经济法概论	110							3	4
民事诉讼法	70					4			
刑法学	170			5	4				
刑事诉讼法	80				4				
证据学	40				2				
刑事侦查学	90				5				
法医学	50			3					
司法文书	60					3			
国际法	60							3	
国际私法	70								5
合计	2400	24	23	26	23	17		10	9

表2-3　建系前法律系拟定教学计划（选修）①

课程名称 选修	上课总时数（包括课堂讨论）	每周上课时数							
		第一学期	第二学期	第三学期	第四学期	第五学期	第六学期	第七学期	第八学期
专业外语	100					4	4		
中国法律思想史	40							2	
外国法律思想史	40								3
社会学	40							2	
行政法	40								3
罗马法	30						6		
环境保护法	40							2	
海商法	40								3
犯罪心理学	50					3			
监狱学	30						6		
预审学	30						6		
司法精神病学	40							2	
司法会计	40								3
公证与律师制度	40					2			
资产阶级法学批判	30								2
合计	630					9	22	8	14

究其原因，成渝两地一衣带水，西南政法学院与川大法律

---

① 四川大学校文字［83］第22号，《关于申请建立法律系法律学专业并于1984年招生60名的请示报告》，载《四川大学教务档案》，现藏于四川大学档案馆。

系拥有院系调整的历史渊源，法律系建立初期的领导和教师大多曾在西政任教或求学，西南政法学院自然成为法律系复办时的参照对象。有别于专业类政法院校，法律系自始定位为综合性大学的法学院系。除了在专业设置上借鉴西政，法律系还需在文理兼备的四川大学中找准定位。北京大学是新中国成立以来少数延续法学教育的综合性大学①，北大法律系开设的学校必修课程中共党史、政治经济学、哲学等②为法律系公共课程的设置提供了参考，北大法律系的办学模式为法律系在川大的发展建设提供了借鉴。

1984—1985 学年法律系共开设法学课程 3 门，84 级学生第一学期学习法律逻辑（4 学分），第二学期学习宪法学（3 学分），法学原理课程则有 6 个学分，分上下两学期学习。85 级学生大一学年的法学课程则增至 5 门，除法律逻辑和宪法学继续保留外，法学原理更名为法学基础理论，仍分两学期开设，并于第一学期开设外国法制史，第二学期开设中国法制史 2 门新课程。86 级和 87 级大一学年的课程设置又有所调整，教学计划新增中国刑法 1 门，同时保留了法律逻辑、宪法学和法学基础理论 3 门基础课程。

---

① "文革"期间，中国人民大学被整体撤销，北京大学和吉林大学法律系的建制则被保留了下来。参见王健：《"五院四系"的由来与未来》，载《中国政法大学学报》2022 年第 3 期。

② 见李贵连等：《百年法学：北京大学法学院院史（1904—2004）》，北京大学出版社，2004 年版，第 269—272 页。

　　根据建系初期的教学安排，本科生应修满 145 学分（包括课程、论文、实习）方满足毕业要求，其中需完成必修课 100 学分，选修课 27 学分。学生实际修读完成的课程和学分往往略高于毕业要求，84 级学生毕业时实际修习 171 学分，其中必修学分 136，选修学分 35，本科四年期间共修读 42 门课程，总学分 153，其中 23 门法学课程共计 86 学分，占总学分的 56.2％（见表 2－4）；85 级学生实际修习 159 学分，其中必修学分 129，选修学分 30，在 85 级修读的 44 门课程中法学课程有 25 门，占总课程的 56.8％（见表 2－5）。除此之外，本科生还需完成学年论文和毕业论文 2 篇，并于第四学年第二学期完成不少于 12 周的教学实习。学生的实习地点不限于成都，遍及眉山、阆中、彭县（今彭州市）等省内各地，外地生源学生亦可于家乡完成实习。① 实习结束后，法律系还为学生安排了外国民商法专题讲解、行政法专题讲解等短期知识巩固课程。②

　　对比恢复重建初期的前四届教学计划，1984—1987 年法律系师资缺乏，课程设置也以必修为主，学生可选择余地较小，教师和学生均深感课程设置亟待拓宽。从 1987 年开始，法律系逐步开设了一批法学选修课程，如犯罪心理学、外国刑

---

　　① 上述情况根据法律系法律专业 84 级、85 级、86 级、87 级学生成绩册综合整理，载《四川大学教务档案》，现藏于四川大学档案馆。

　　② 参见《四川大学文科 1987—1988 学年第二学期课程表》，载《四川大学教务档案》，现藏于四川大学档案馆。

法、中国法律思想史、公正与律师制度等。[1] 1988 年法律系主任赵炳寿特聘西南政法学院张和光老师开设选修课罗马法。[2] 随着法律系教师的逐步引进，本科教学的法学课程日益丰富，法学教育的专业性和多样性进一步增强。

建系初期的川大法律系充分利用综合性大学师资、设备优势，一方面从校内文科学院中选拔中青年教师充实法律系的师资队伍，另一方面邀请其他学院教师为法律系开设了丰富的通识课程。如表 2-2、表 2-3 所示，法律系为 84 级、85 级本科生开设的非法学类课程主要集中于历史、政治、哲学和语言等方面，还包括工商管理学、伦理学、审计学、文艺欣赏等通识课程。法律系曾邀请著名书法家周浩然[3]先生为 84 级学生开设书法课程，书法家向本科生面授书法写作成为川大法律系独有的"课程特色"[4]。总体而言，建系初期法学类课程和非法学类课程在教学中的占比呈平分秋色之势，该现象的出现是 80 年代师资缺乏的表现，但同时也展现出综合性大学法学教育的优势。根据 2013 年修订的教学计划，法学院本科通识课程仍占总学分的 28%，专业教育和通识教育融合发展始终是

---

① 参见《法律系法律专业一九八六级学生成绩册》《法律系法律专业一九八七级学生成绩册》，载《四川大学教务档案》，现藏于四川大学档案馆。

② 参见《四川大学文科 1987-1988 学年第二学期课程表》，载《四川大学教务档案》，现藏于四川大学档案馆。

③ 周浩然（1929—2009），著名书法家，曾任四川省书法家协会主席。

④ 2000—2003 年的硕士课程中，法理学专业也聘请了艺术学院李晟教授开设并讲授书法，但随着教学课程规范化的要求，此类带有特色的课程已不存在。

川大法学教育的定位和特色。

表 2-4 法律系 84 级本科课程安排①

年级	一年级	二年级	三年级	四年级
课程名称	德育	政治经济学	中国法制史	经济法概论
	体育	外语（英）	国际共运史	国际公法
	法律逻辑	刑法	中国民法	国际私法
	外语	刑事诉讼法	民事诉讼法	现代西方哲学
	汉语与写作	外国法制史	刑事侦查学	中国古典法律文献选读
	哲学	司法文书	立法学	司法精神病学
	法学原理	中国法制史	形势教育	形势教育
	中共党史	德育	战后世界史	英语提高班
	书法	体育	专利法	
	宪法学	犯罪心理学	工商管理学	
	数理逻辑	婚姻法	公正与律师制度	
			罗马法	
学分总计	47	44	40	22

---

① 根据《法律系法律专业一九八四级本科生成绩册》整理，载《四川大学教务档案》，现藏于四川大学档案馆。

表 2-5　法律系 85 级本科课程安排①

年级	一年级	二年级	三年级	四年级
课程名称	中共党史	政治经济学	国际共运史	民事诉讼法
	外国法制史	外国语	中国民法	司法精神病学
	法学基础理论	中国法制史	刑事诉讼法	犯罪心理学
	法律逻辑	婚姻法	经济法概论	海商法
	宪法学	伦理学	司法文书	形势教育
	计算机使用	中国刑法	知识产权	审计学
	外语（英）	法医学	形势教育	
	德育	体育	国际公法	
	体育	形势教育	国际私法	
	中国法制史	中国民法	中国法律思想史	
	社会学	刑事侦查学	外国刑法	
	汉语与写作	文艺欣赏	公证与律师制度	
			罗马法	
			自然科学概论	
学分总计	46	45	38	12

四、硕士培养

1966 年"文化大革命"爆发，新中国成立后探索出的研

---

① 根据《法律系法律专业一九八五级本科生成绩册（一）》《法律系法律专业一九八五级本科生成绩册（二）》《法律系法律专业一九八五级本科生成绩册（三）》整理，载《四川大学教务档案》，现藏于四川大学档案馆。

第二章　恢复重建初期的四川大学法学教育

究生教育培养制度被迫中断。改革开放后，邓小平同志亲自倡导了教育领域和科技领域的三大战略决策：恢复高考和研究生教育、建立学位制度和大规模派遣留学生。[1] 随着高考制度恢复，1978年我国正式恢复招收研究生，至1981年我国高等院校和科研机构已有11000余名硕士研究生毕业。[2] 邓小平同志强调，"要建立学位制度和学术、技术职称制度"，"抓紧培养、选拔专业人才，才能搞好四个现代化"。[3] 1980年2月，全国人大常委会正式通过《中华人民共和国学位条例》，次年国务院学位委员会印发《中华人民共和国学位条例暂行实施办法》。1981年11月，根据《国务院学位委员会关于审定学位授予单位的原则和办法》等相关法规，国务院学位委员会批准了改革开放以来第一批博士、硕士学位授予单位以及学科、专业和博士生指导教师名单。其中首批法学硕士学位点50个，主要由早期复办法学教育的院校取得，其中北京大学、中国人民大学各取得硕士学位点8个，中国社会科学院研究生院取得硕士学位点7个，中国政法大学和西南政法学院各取得5个。1984年国务院批准第二批硕士学位授予单位20个，武汉大学获硕

---

① 赵沁平：《研究生教育领域仍需摸着石头过的三条河》，载《研究生教育研究》2019年第1期。

② 参见《国务院学位委员会关于做好应届毕业研究生授予硕士学位工作的通知》（1981年11月24日），载何东昌：《中华人民共和国重要教育文献(1976—1990)》，海南出版社，1998年版，第1984页。

③ 邓小平：《要建立学位制度和学术、技术职称制度》，载中共中央文献研究室：《邓小平论教育》，人民教育出版社，2000年版，第71页。

士学位点 4 个，中国政法大学 3 个，除法学传统重镇"五院四系"外，安徽大学法制史专业、中山大学国际法专业、南开大学国际经济法专业纷纷获批。

1985 年国务院学位委员会展开第三批硕博士学位授予单位申报工作，伍柳村等几位老教授建议川大法律系以此为契机，在展开本科教学工作的同时，力争申报一个硕士点。复办仅数月的法律系邀请赵念非先生作为学科带头人，与伍柳村、周应德、潘大逵、赵炳寿四位教授组成刑法导师梯队向国务院申请第三批硕士学位授权。高铭暄教授和王叔文教授担任国务院学位委员会委员，负责法学学位授予点的评议工作。赵炳寿教授前往北京向学位委员会法学组介绍川大法律系申报条件。高铭暄教授表示，"赵念非教授是老一辈刑法专家，伍柳村老师是教育部和司法部统编中国刑法教材的责任编辑"，他们的学术水平不必多言。王叔文教授 1950 年毕业于川大法律系，是赵念非和伍柳村的高足，他直言"对两位老师的学术水平和教学经验比你们都清楚"，希望川大抓住机遇加速发展。在两位教授的支持下，川大法律系拿下了全国第三批刑法学硕士学位授予点①，开创了四川省首个法学硕士学位点（见表 2-6）。

---

① 国务院学位委员会 1986 年 7 月 28 日正式批准《第三批博士、硕士学位授予单位以及学科、专业和博士生指导教师名单》。关于刑法硕士点申报的情况主要为赵炳寿教授回忆。据他回忆，四川大学法律系向国家教委申请的手续于 1985 年上半年就得到批准，并于同年 9 月开始招收首批刑法学硕士研究生，其他如西安交通大学经济法专业与川大刑法同属第三批硕士点，亦为 1985 年开始招生。

如表 2－7 所示，前三批刑法学硕士点共授予 12 所高校，其中有 7 所政法类院校，剩余的 5 所综合性大学中，除川大外均为"四系"高校。川大仅复办一年便在刑法学科跻身全国前列，为法律系后续十年的发展奠定了坚实基础。[①]

表 2－6　全国第三批法学硕士学位授予点（22 个）

北京大学（2 个）	民法
	诉讼法
中国政法大学（1 个）	法律思想史
吉林大学（1 个）	法制史
延边大学（1 个）	宪法
黑龙江大学（1 个）	民法
华东政法学院（2 个）	刑法
	民法
南京大学（1 个）	法学理论
厦门大学（1 个）	国际经济法
武汉大学（4 个）	法学理论
	法制史
	诉讼法
	经济法
中南政法学院（1 个）	宪法

---

①　参见国务院学位委员会办公室：《全国授予博士和硕士学位的高等学校及科研机构名册》，高等教育出版社，1987 年版；招生委员会办公室：《北京市研究生招生工作资料 1978—1982》，北京市高等学校招生委员会办公室，1987 年。

续表2-6

中山大学（1个）	法制史
四川大学（1个）	刑法
西南政法学院（1个）	法律思想史
西安交通大学（1个）	经济法
西北政法学院（1个）	法学理论
兰州大学（1个）	经济法
中国社会科学院研究生院（1个）	诉讼法

表 2-7　全国前三批刑法学硕士学位授予点

学校	学位批次
北京大学	1
中国人民大学	1
中国政法大学	1
吉林大学	1
中南政法学院	1
中国社会科学院研究生院	1
西南政法学院	1
西北政法学院	2
武汉大学	2
上海社会科学院	2
四川大学	3
华东政法学院	3

第二章　恢复重建初期的四川大学法学教育

　　1985 年 9 月四川大学刑法学硕士点正式设立，首批招收向朝阳、孙成建、王宗富、李亮四名学生，由伍柳村和赵炳寿教授共同指导。次年，根据国家教委要求，研究生部需要在学位点中设置三个不同的研究方向。法律系刑法学硕士点设立中华人民共和国刑法、刑事侦查研究、刑法总论研究三个方向，招收 6 名学生，除周应德教授指导刑侦专业的高跃先外，其余 5 名学生均由伍柳村教授指导。1987 年，中国刑法和刑法总论研究专业各招收 1 名学生，分别由伍柳村和赵炳寿教授指导。1988 年，随着陈康扬、黄肇炯两位教授取得硕士生导师资格，法律系重新划分四个刑法学招生方向，同年招收硕士研究生 14 人，硕士点的规模大幅提升。刑法逻辑研究方向由陈康扬教授担任指导老师，国际刑法方向由黄肇炯教授担任指导老师，物证技术研究由周应德教授担任指导老师，中国刑法方向由伍柳村教授担任指导老师。直到 90 年代随着建立硕士点的几位老教授离休，青年教师担任硕导，复办初期奠定的研究生培养框架方开始逐步调整。

　　改革开放后，全国各地对高层次人才需求日益旺盛，研究生培养方式向多元化扩展。1984 年，国家颁布《高等学校接受委托培养学生的试行办法》，正式建立委托培养招生制度。1985 年，国家教委规定："高等学校已经获得硕士学位授予权的专业在承担国家招生计划任务后，还有培养力量和条件的，可以招收一定数量的委托培养硕士生。"① 1986 年，国务院学位委员会颁布《关于在职人员申请硕士、博士学位的试行办法》，"有权授予硕士或博士学位的单位及其学科、专业，原则上均可接受本单位和就近接受其它单位的在职人员申请相应的学位"。

1988 年，为扩大优秀在职生源，《高等学校招收定向培养研究生暂行规定》设立定向研究生制度，即招生时通过合同形式明确其毕业后工作单位的研究生，其学习期间的培养费用按规定标准由国家向培养单位提供。在该背景下，法律系研究生除本科毕业生报考外，还招收一定数量的在职硕士生、委培硕士生和定向硕士生。以 88 级研究生为例，法律系共招收 14 名硕士研究生，其中傅江和谢蓉为川大法律系教师在职读研，孙燕山和张国轩分别为河北师大和乐山师专委托培养的硕士生，还有徐斌、黄芳、黄河三位工作单位定向研究生，本科毕业报考研究生和其他方式读研的人数比达到 1∶1。

受经济、交通条件限制，20 世纪末报考法律系的研究生生源具备显著的地域性。首先，研究生的本科学校以川内高校为主，川大本校培养生源较多②，此外还有西南政法学院、四

---

① 《国家教委、国家计委、财政部关于高等学校招收委托培养硕士生的暂行规定》(1985 年 11 月 6 日)，载何东昌：《中华人民共和国重要教育文献（1976—1990）》，海南出版社，1998 年版，2332 页。

② 建系初期法律系毕业生较少，川大哲学系本科毕业生亦常报考法律系刑法学研究生。

川师范学院（大学）、南充师范学院等高校毕业生。法律系 85 级、86 级、87 级研究生本科均毕业于川内学校，88 级 14 名研究生中则有 12 名毕业于川内。其次，这一特征亦体现在研究生籍贯上，首批 4 名研究生中有 3 人为四川本地人，88 级 70％以上的研究生来自成都、重庆、内江、邛崃、宣汉等地。在高等教育资源稀缺的环境下，本科生源地域性特征远低于研究生。西南高校接收了全国各地参加高考的中学生，部分学生研究生阶段入学川大，故非川籍研究生报考法律系并不罕见，如 86 级 6 名研究生中，5 名来自山西、湖北、湖南等不同地区（本科均毕业于川内高校）。建系初期研究生多为本科应届毕业，但受高考中断的影响，入学年龄差异较大。85 级研究生入学时年龄在 18 至 27 岁，86 级研究生入学时年龄小者为 18 周岁，最大者为 28 周岁，这一差异直到 88 级（19 至 25 岁）往后才略有减小。部分同学为工作后参加高考，他们原职业为工人、农民、教师、干部等，其中以教师身份考取研究生的学生比例较高。

不同于本科以课程教学为主的培养模式，研究生阶段人才培养的灵活性和实践性更强。课程档案显示，85 级研究生统一完成 15 门课程考核（见表 2-8），86 级研究生则依选课情况大致修习 18 门课程（见表 2-9）。研究生阶段需学习一到两门政治类课程和两门外语课程。第一和第二外语分别为英语和日语，86 级研究生第一学年若选择英语作为外语必修，第二学年则需完成日语作为外语选修，反之亦如此。

表 2-8　刑法学硕士研究生 85 级课程信息①

1985—1986 学年			1986—1987 学年		
课程	学分	性质	课程	学分	性质
马克思主义哲学	3	必修	刑法专题研究	2	选修
刑法学总论	4	必修	教学实习课	2	—
英语	4	必修	罗马法	2	选修
法律思想研究	3	必修	人类犯罪行为的生理学相关论	2	选修
犯罪学	2	必修	外国刑法	3	必修
中国刑法史	2	必修			
刑法分则	3	必修			
方法论	2	选修			
比较刑法	2	必修			
刑事诉讼法	2	必修			

---

① 《中文系、哲学系、法律系、宗教所一九八九年毕业研究生成绩册》，载《四川大学教务档案》，现藏于四川大学档案馆。

表 2—9　刑法学硕士研究生 86 级课程信息①

1986—1987 学年					
第一学期			第二学期		
课程	学分	性质	课程	学分	性质
法学基础理论	3	必修	英语/日语②	4	必修
刑法分则	4	必修	国际政治	3	必修
比较刑法	3	必修	刑事侦查总论	2	刑侦专业必修
犯罪学	2	选修	罗马法	2	选修
			人类犯罪行为的生理学相关论	2	选修
			刑法总论	4	刑法专业必修
			中国刑法史	2	选修
1987—1988 学年					
第一学期（刑侦）			第一学期（刑法）		
课程	学分	性质	课程	学分	性质
犯罪心理学	3	必修	外国刑法	3	必修
侦查心理学	2	必修	刑诉法	3	必修
刑诉法	3	必修	英语/日语	2	选修
英语/日语	2	选修	教学实践课	2	—
外国刑法	3	选修	中国古代刑法史	—	必修
教学实践课	2	—	犯罪心理学	2	选修
犯罪心理学	2	选修	犯罪学	2	必修
犯罪学	2	必修			

---

①　笔者根据档案综合整理，每位研究生具体所修课程情况与表格略有差异，见《外文系、法律系、南亚所、古籍所一九八九年毕业研究生成绩册》，载《四川大学教务档案》，现藏于四川大学档案馆。

②　档案所见，第二学期可选择英语或日语作为外语必修，第三学期则选择剩余的一门作为外语选修。

　　建系初期，刑法学研究生的核心课程基本由伍柳村教授和赵炳寿教授负担。法律系充分利用实务界资源，聘请四川省高级人民法院的凌楚瑞教授刑法分则，四川省人民检察院的李黎教授刑事诉讼法，西南政法学院离休教授张和光教授罗马法。由于学生人数较少，上课形式和培养方式亦较为灵活，除本校老师外，国内刑法学和刑侦学领域专家常常受邀来校授课。由于伍柳村、周应德、赵炳寿几位教授均有西南政法学院工作的经历，川大法律系与西南政法学院间的学术交流尤为频繁，如王洪俊、邓维鸾、徐功川、黎镇中、夏宗素等知名法学教授均曾来校授课。值得一提的是，华东政法大学刑法教授朱华荣先生曾来川为刑法学研究生长期授课。朱华荣先生 1948 年毕业于四川大学法律系，是著名法学家四川大学法律系主任朱显祯教授之子。据高跃先教授回忆，受伍柳村教授之邀，朱华荣教授于 1987 年春为 86 级研究生讲授刑法分则数月[1]，后又多次担任研究生答辩委员会主席，为刑法学硕士点的发展做出了贡献。

　　自 1988 年开始，周应德教授与川大分析测试中心许建光教授合作指导了一批物证技术方向的研究生。以 89 级吴潇等 4 名研究生为例，他们均为本科物理专业毕业报考刑法学研究生。研究生阶段教学中，除刑法学核心课程外，他们还需修习

---

　　① 《高跃先教授访谈记录》，访谈人：张昊鹏，访谈时间：2022 年 7 月 27 日。

物证分析的化学基础和物证微量分析两门理工类课程，并均选择法学和化学交叉方向作为毕业论文，如《体内痕量乌头碱的Hplc测定及毒理学初探》《扫描电子显微镜（sem）检验毛发研究》《X射线荧光分析法对超微量墨水的检验》等。这种通过化学方式推进法律实践的研究在法学领域十分具有前瞻性，堪称法律人才复合化和交叉培养的早期实践。

第二或第三学年刑法学研究生需前往全国各法学高校交流调研。由于本校图书资料无法支撑硕士学位论文的撰写，调研即是学生拜访学界前辈，从优秀政法类院校图书馆"复印资料"的方式。西北政法学院、北京政法学院、西南政法学院、吉林大学法律系等均是学生前往调研学习的目的地。在学术土壤较为贫瘠的环境下，研究生仍通过"调研""实践"等方式完成毕业论文的写作，还有部分研究生在学习期间便能在学术刊物上发表文章。不仅伍柳村、赵炳寿等教授与研究生合作发表论文①，研究生也常撰写高质量论文发表。戴绍泉、田禾撰写的《析刑法中的期待可能性》发表于《四川大学学报》，丁跃雄、熊炎在《法学》上发表《刑法应增设故意传播传染病罪》，研究生阶段的学术训练为学生毕业后走向法学研究领域奠定了基础。

---

① 如伍柳村、左振声：《民愤能否作为量刑的依据》，载《法学研究》1989年第4期。黄肇炯、姚平：《国际刑法与我国刑事立法之完善》，载《四川大学学报（哲学社会科学版）》1991年第1期。赵炳寿、田宏杰：《论我国数罪并罚制度的完善》，载《现代法学》1995年第6期。

　　国家教委 1986 年印发的《毕业研究生分配工作暂行办法》提出毕业研究生分配的两条原则："继续充实高等学校的师资和科研机构的研究人员"；"适当照顾领导机关和经济管理等部门对较高层次管理人员的需要"。改革开放初期，国家整体欠缺高水平法律专业人才，恢复发展中的政法类高校需要研究生充实到法学教育当中，国家各省市级政法机关需要研究生服务于法律实践。总体而言，川大刑法学专业早期的毕业研究生多分配至省市级政法单位，如成都市人民检察院、重庆市中级人民法院、云南省高级人民法院等；还有部分毕业生继续从事法学研究工作，如向朝阳、高跃先教授留任川大法律系，黄芳①、周长军②考取北京大学法学博士，鲜铁可③考取武汉大学法学博士。

　　作为法律系复办后唯一一个硕士点，刑法学硕士点 11 年内培养了 92 名刑法学硕士研究生，在复办初期承担了培养高等法学人才的任务。建系初期的刑法学研究生逐步走向四川乃至全国法律专业岗位，为后来诉讼法学硕士学位点的申请奠定了基础。1996 年，全国第六批博士、硕士学位授权审核，四川大学法学院获得诉讼法专业研究生硕士学位授予资格，同年

---

　　① 黄芳，女，四川通江人，1988—1991 年在四川大学法律系刑法专业国际刑法方向学习，获法学硕士学位，1991 年考取北京大学国际法博士研究生。

　　② 周长军，山东济宁人，1988—1995 年于四川大学法律系先后获得学士、硕士学位，2001—2004 年于北京大学攻读刑法学博士学位。

　　③ 鲜铁可，湖北天门人，1989—1992 年在四川大学法律系物证技术研究专业学习，获法学硕士学位，1992 年考取武汉大学法学院博士研究生。

招收首届研究生 2 人[①]；1998 年民商法专业获得第七批硕士学位授予资格，同年招收首届研究生 5 人；1999 年法学院获得法律硕士学位授予资格，同年招收首届在职法律硕士研究生 39 人。此后硕士研究生培养规模逐步扩大，川大法学院逐渐成为国内综合性大学中法学研究生培养数量最多的学院之一。

五、成人教育

除本科、研究生教育迅速恢复外，国家秉持"两条腿走路"的方针，着力发展成人高等教育。1980 年 9 月 5 日，国务院批转教育部《关于大力发展高等学校函授教育和夜大学的意见》，明确要求"充分发挥高等函授教育和夜大学在发展我国教育事业中的作用""采取多种形式办学"。1984 年教育部提出，"纳入国家成人高等教育事业计划的范围是指：按国务院有关规定，经省、市、自治区人民政府和中央有关部门批准，并报教育部审定备案的广播电视大学、职工高等学校、农民高等学校、管理干部学院、教育（教师进修）学院、独立设置的函授学院、普通高等学校举办的函授部、夜大学，招收具有高中毕业文化程度，学制为二年以上，培养目标相当于高等学校专科和本科毕业水平的人数"[②]。

---

① 均由刑法专业转学诉讼法学。

② 《教育部、国家计委关于加强成人高等、中等专业教育事业计划管理的暂行规定》，载何东昌：《中华人民共和国重要教育文献（1976—1990）》，海南出版社，1998 年版，第 2158 页。

改革开放初期，在"文革"十年"砸烂公检法"的影响下，国家法治建设水平落后，公民法律意识淡薄。国家司法系统工作人员大多没有接受过法学教育，"认为法律可有可无，法律束手束脚，政策就是法律，有了政策可以不要法律等思想"① 普遍存在。1979 年中央提出，迅速健全各级司法机构，逐步新建各类政法院校和司法、公安干警学校，举办各种形式的训练班，培养各种专门人才，轮训现有司法、公安干部。② 1980 年，国务院批转《司法部关于加强和建立地方政法干部学校的请示报告》，司法部建立了由中央、省级和地方政法干部学校组成的政法干部三级培训机构，开始大规模地组织轮训政法干部和军队转业干部。为进一步贯彻"两条腿走路的方针"，司法部在恢复重建政法类院校中推动举办法律函授和夜大学专科教育以及干部专修科教育，此后恢复法学教育的高等院校纷纷开展成人法学教育。

　　1982 年 4 月，司法部、最高人民法院、最高人民检察院发出联合通知③，要求积极办好法律函授教育，通知认为：

---

　　① 《中共中央关于坚决保证刑法、刑事诉讼法切实实施的指示》，载全国人大常委会办公厅、中共中央文献研究室：《人民代表大会制度重要文献选编（二）》，中国民主制出版社，2015 年版，第 460 页。
　　② 《中共中央关于坚决保证刑法、刑事诉讼法切实实施的指示》，载全国人大常委会办公厅、中共中央文献研究室：《人民代表大会制度重要文献选编（二）》，中国民主制出版社，2015 年版，第 459—466 页。
　　③ 《司法部、最高人民法院、最高人民检察院关于积极办好法律函授教育的通知》，载邹瑜、陈卓：《新中国司法行政大典（第五卷）》，中国方正出版社，2001 年版，第 2372—2378 页。

"高等函授教育是既经济又有效的培养专门人才的一个重要途径，是解决在职干部逐步实现专业化、知识化的重要措施之一。法律函授教育是干部培训的一个重要组成部分。各司法机关要充分认识发展函授教育的重要性和迫切性，积极地协同主办学校和设站单位把函授教育办好"。

1983年底，全国法律函授专修科已招收4831人，电大招收6455人，夜大、业校招收6817人（大专4419人，中专2398人），参加自学考试学习的有74900人，法律电大、夜大、业校已有毕业生1372人。[①] 1985年司法部《关于加速培养法律人才的报告》中再次提出"法律人才的数量和质量落后于实际需要的矛盾日益尖锐"，政法部门、律师队伍、公安、安全、民政各系统"需要相当数量的法律人才"，各级人民代表大会、政府各部委和工会、妇联等人民团体"急需配备法律人员"，"在职的司法干部，专业水平亟待提高"。

1984年，司法部、最高人民法院、最高人民检察院印发《关于认真组织司法干部参加电大法律专业学习有关问题的通知》，依托中央和各地的广播电视大学开设法律专业，满足边远和不发达地区政法干部教育的急需。1988年周应德教授应邀就聘中央广播电视大学犯罪侦查课录像教学工作，录制教材40学时，全国内部发行。建系初期川大法律系共设立三个函授站，招收了大批函授教育学生。首届85级函授部共招收

---

① 徐忠明：《中国法学教育状况》，中国政法大学出版社，2006年版，第29页。

307 名法律专业学生，学制三年，其中川大函授站规模最大招收 201 人、成都函授站招收 49 人，于成都市外设立渡口^①函授站招收 57 名学生。从课程设置上看：成都函授站课程最多，共 23 门；川大函授站三年共教授 21 门课程；渡口函授站课程最少，安排了 18 门课程。函授课程设置以基础学科为主，如法学基础理论、宪法学、经济法概论等科目，此外有政治经济学、哲学等通识性课程。成都函授站生源以政法干部为主，课程集中于前三学期，安排有领导科学与领导艺术、刑侦学、公证制与律师制等实务性较强的课程。

1984 年，刚恢复重建的川大法律系决定与四川省高级人民法院联合举办干部专修科，培养四川省内政法机关干部。不同于普通的成人教育，干部专修科被列入普通高等学校专业计划内，学员是正式在册学生，脱产完成学业，学校要对其教学质量全面负责并严格履行考试考核制度，学籍管理同校内学生，毕业后具有高等专科学校学历。法律系招收干部专修科学员时，全省政法系统共 240 人报名参加培训。针对学院文化水平高低不齐的情况，法律系在校外租用宿舍和教室为学员补习中学文化知识。1985 年，法律系举行干专班入学考试，最终正式录取 198 名学员。

除一年的文化知识补习外，干专班正式学制为两年，四学期共修习 25 门课程。干专班的课程以法学专业为主，时间安

---

① 1987 年经国务院批准，渡口市更名为攀枝花市。

排十分紧凑，学习强度较高，学员基本用两年时间完成了本科生四年的法律专业课程。1987年毕业前夕，为让该批学员得到更好的锻炼，法律系主动联系广州法院系统协调实习事宜。经多方联络，干专班学员前往广州完成了为期一个月的专业实习，受训学员多为四川省内各级法院年轻干部，他们进入法律系学习时不过二十岁出头。经过改革开放春风的洗礼后，他们调回原工作岗位前景广阔，大多成为省内法院发展的骨干力量。[1]

国家政策规定，高等学校干部专修培养学员所需费用，由派送学院的单位以每人700元（政法科类）的标准向学校支付，90%作高校自动增加经费拨款处理。[2] 在办学经费不足的情况下，与相关国家单位合作办学成为高校恢复发展的重要创收途径。由于学校无法额外为干专班学员提供住宿和教室，法律系利用干专班补助经费重新整修了校内一处废弃的大院[3]，修建了可供200人居住学习的宿舍和教室，配备了100张双人床，从校房产科借来400组桌椅板凳，保障了干专班教学的顺利进行。同时体育教研室出地皮，法律系出经费，两院合作于

---

[1]　参见《继往开来的川大法学院——访退休老师秦大雕》，载《濯锦录——名宿与旧事中的百年川大》，四川大学出版社，2013年版，第151—155页。

[2]　参见《高等学校举办干部专修科，中等专业学校举办干部、职工中专班的试行办法》（1984年5月），载何东昌：《中华人民共和国重要教育文献（1976—1990）》，海南出版社，1998年版，第2158页。

[3]　原址位于四川大学望江校区原劳动小学旁边，后成为四川大学艺术学院早期办公地点。

望江校区东区游泳池旁修建了一栋二层小楼作为办公地点。这样法律系从最初的东三教六楼办公室搬迁至游泳池旁办公楼二楼，建起了独立的资料室、实验室和会议室。

随着夜大、函授等成人教育形式的兴起，法律系老师开始参与编写辅导材料、校外讲授课程等工作。由于师资紧俏，老师们常常身兼数职，"法学概论、法理学、宪法、国际公法什么都讲"。经过综合性的讲课锻炼，老师们在做培训和讲座之时能够一气呵成，"从不使用任何稿件但能一连讲上数小时"，期末考试的题目也不出讲课范围。里赞老师便因押题很准而"暴得大名"，与当时的学员结下了深厚的感情。[①] 除今天普遍的本科、研究生教育外，建系初期的法律系办学形式多样，每年以干部专修班、夜大学、函授班、专升本等不同形式（见表2-10、表2-11、表2-12）招收学生数百名，培养出许多优秀的法律人才，多数学员毕业后进入政法单位工作，不乏学员通过专升本等形式参加硕士阶段的学习，最终走向法学研究领域。

---

① 参见《川大故事：里赞老师访谈录》，访谈人：刘楷悦、赵崧，访谈时间：2016年6月28日。

表 2-10　85 级干部专修班课程信息①

第一学期	学时	第二学期	学时
法学基础理论	4	中共党史	4
中国法制史	3	宪法学	3
哲学	4	外国法制史	4
汉语与写作	2	中国刑法	4
婚姻法	3	刑事诉讼法	3
法医学	3	刑事侦查学	3
形式逻辑学	4	国际公法	3
体育	2		
第三学期	学时	第四学期	学时
刑法分则	4	司法文书	2
中国民法	4	民事诉讼法	4
政治经济学	4	犯罪心理学	3
社会学	3	公证与律师制度	2
立法学	2		
经济法概论	4		
专业实习（二年级，广州，30 天）			

---

① 该表摘自《夜大学法律专业一九八五级三班专科学生成绩册》，载《四川大学教务档案》，现藏于四川大学档案馆。

表 2-11　85 级夜大课程信息①

第一学期	学时	第二学期	学时
法学基础理论	4	哲学	4
汉语与写作	2	宪法学	3
中共党史	4	法律逻辑学	3
中国法制史	3	汉语与写作	2
第三学期	学时	第四学期	学时
政治经济学	4	刑法学	3
刑法学	3	民法学	2
民法学	2	法医学	3
外语	4	婚姻法	3
		外语	4
第五学期	学时	第六学期	学时
刑事诉讼法	4	民事诉讼法	3
经济法概论	4	国际公法	3
犯罪心理学	3	刑事侦查学	3
司法精神病学	2	司法文书	2
专利法	2	外国法制史	3
毕业论文			

---

① 该表摘自《夜大学法律专业一九八五级一班专科学生成绩册》，载《四川大学教务档案》，现藏于四川大学档案馆。

表 2-12　85 级川大函授站课程信息①

第一学期	第二学期	第三学期	第四学期	第五学期	第六学期
哲学	政治经济学	逻辑学	刑事诉讼法	婚姻法	司法文书
政治经济学	中共党史	民事诉讼法	经济法概论	法医学	国际法
现代汉语	宪法学	经济法概论	犯罪心理学	律师公证	毕业论文
法学基础理论		民法学	刑法学		

六、筚路蓝缕

法律系复办之初条件艰苦，师资结构不齐，学科建设欠缺。学校划拨的 2 万元经费无法满足院系建设的需要，图书资料和办公设备十分匮乏。院系调整时图书馆的法律书籍也一并搬至重庆，导致 84 级学生进校后除学校规定的教材外几乎没有专业读物。法律系临时调整经费为每个宿舍购买了 1000 元的法律图书，并分配到各个寝室。教师日常教学办公所需的桌椅都需要法律系自己置办，据郭秋华老师回忆，法医学课程所需的医学道具也是教师手工制作。教师们备课时手写讲义稿，上课时手写板书，用陈康扬老师的话说，这一代的法律系教师是"吃粉笔灰长大的"。

不仅办学条件不足，师生的生活环境也缺乏保障。由于学

---

① 该表摘自《法律系（川大函授站）法律专业一九八五级专科学生成绩册（二）》，载《四川大学教务档案》，现藏于四川大学档案馆。

校房间紧张，整个法律系的教师在两间不足 20 平方米的房子内办公①，在住宿环境上四到五名教师才能分配到"老五舍"②的一间寝室。随着部分教师结婚成家，教师们常常因为抢占房屋而发生矛盾，也有一些教师因住宿条件难以保障而离开学校。学生的住宿则更为拥挤，据陈大年老师回忆，84 级学生的宿舍一间要住 8 人甚至 9 人，建系第一批招收的 18 名女生仅分到两间宿舍，宿舍的床和家具也是师生一起搬运的。③ 80年代整个川大只有一个澡堂，教师和学生挤在一起排队，澡堂常常人满为患。④ 后经多次协商，校方才为青年教师开放了单独的洗澡时间。

　　法律系的硬件条件十分艰苦。由于办学经费不足，学校又没有为法律系规划办公地点，建系前期的法律系仅有几间房间可供办公。随后法律系利用社会办学的经费，在望江校区游泳池旁修起一栋二层小楼作为办公场地。直到 90 年代川大规划修建文科楼，法学院方在其中拥有较为正式的场地⑤，办公条件得到极大改善。

　　1994 年四川大学与成都科技大学两校合并，成立四川联

---

① 法律系最初办公地址位于今四川大学望江校区第三教学楼六楼。

② 原址位于四川大学望江校区教职工单身宿舍。

③ 参见《莫道桑榆晚，为霞尚满天——陈大年老师访谈录》，访谈人：李善妹、史可，访谈时间：2016 年 7 月 8 日。

④ 参见《川大故事：里赞老师访谈录》，访谈人：刘楷悦、赵崧，访谈时间：2016 年 6 月 28 日。

⑤ 今四川大学望江校区文科楼一楼南侧。

合大学。学校进行院系调整，哲学系更名为哲学社会学系，与
法律系合并成立四川联合大学法学院，赵炳寿教授为恢复学院
建置后首任院长。1998 年底，教育部决定将四川联合大学更
名为四川大学，学校进行专业归并，哲学社会学系、宗教学研
究所、文化艺术学院合并组建哲学与艺术学院，又重新恢复四
川大学法学院这一名称。2000 年，四川大学与华西医科大学
合并，组建成为新的四川大学。同年全校进行建置大调整，原
计划将政治系并入法学院，因与当时全国法学院均开始独立建
院趋势不符而作罢，此后除"人口所"曾暂挂靠法学院一段时
间外，法学院下仅设独立的"法律系"。恢复建系后，法律系
下设刑法教研室、民法经济法教研室和综合教研室，后随着师
资力量扩充，于 1999 年正式形成法理、宪法行政法、刑法、
民法、经济法、诉讼法、国际法七个教研室，奠定了如今四川
大学法学院科研教学格局。自 1906 年四川法政学堂创立，四
川大学法学院经历了专门化、国立化、院系调整、中断办学、
恢复重建的壮阔历程。1984 年恢复重建后，川大法学院在艰
难的办学条件中向现代化法学教育院系发展，筚路蓝缕十余
载，迈入 21 世纪。

表 2-13　法律系恢复十年招生统计表（1984—1994）①

（单位：人）

年级	研究生	本科生			专科生			合计
		本科	专升本	辅修	干专	夜大	委培	
84 级		50						50
85 级	4	146			198	77		425
86 级	6	104						110
87 级	2	74						76
88 级	14	60	60					134
89 级	11	31						42
90 级	8	39	48			64		159
91 级	9	58	93			50		210
92 级	7	60				52		119
93 级	9	71	38			67	31	216
94 级	16	81	25	72		46	77	317
总计	86	774	264	72	198	356	108	1858
		1110			662			

---

①　根据恢复建系初期法律系学生名单整理，以本年度四川大学法律系招生人数为准，招生人数与实际毕业人数略有出入，受资料所限未包含函授教育学生人数，《四川大学教务档案》，现藏于四川大学档案馆。

下

编

第三章　吴君毅先生评传

吴君毅先生，四川新繁龙桥乡人，1886 年出生，曾任四川大学法学院院长。

一、留日访欧　投身教育

1886 年，吴永权出生于成都城南孟家巷，字君毅，时人多称君毅先生。君毅先生自幼勤奋好学，16 岁（1902 年）受业于叶秉诚、周葵叔二师，由此奠定了深厚的学术素养，并在 18 岁应成都府考，中秀才，其年秋入四川高等学堂普通班就读。19 世纪晚期至 20 世纪初，正值我国多灾多难的年代，中国连续遭受甲午战争和八国联军侵华等侵略战争的毒害，人民饱受中国沦为半殖民地半封建社会后的困苦。当时的能人志士都致力于民族复兴和国家富强，先生也不例外。年少忧国的吴君毅，看到世界列强，尤其是隔海相望的日本，自明治维新以来国力大大增强，认为只有学习他们的长处才能挽救祖国于危亡，于是随着堂兄吴虞①赴日本留学。他到日本后，先进入成城学校学习了两年，熟悉日语，之后进入东京高等学校预科学习，旋即考入仙台第二高等学校，在武昌起义后次年（1912年）夏天又考入东京帝国大学法科，得以实现出国学习法律的初衷。他怀着学成为国效力的意愿，用功学习，五年之后获法学学士学位，并以名列第一的优异成绩获得帝国大学的金剑之奖。当时我国留日学生为数不少，但得到此项荣誉却还是首次。

1916 年，先生在东京时，与留日同学杨梓林、曾天宇等组织"丙辰学社"，筹办《学艺》杂志，并担任主编。1917年，《学艺》杂志于国内正式出版发行，先生经常翻译日、德小说或撰写诗词和时论在《学艺》上发表，当时的报刊记载了该事件，原文如下："近有留学日本帝国大学学生吴永权、杨梓林、曾天宇等创立丙辰学社，以研究真理、昌明学术、交换智识为宗旨。所有社员均留学日本专门以上学生之优秀分子，其事业系发行杂志、举办讲演、刊布图书、搜集书物。"② 该报纸还称该留学生团体的学术结合为"破天荒之事，其前途未可限量"。

1917 年 8 月，君毅先生学成归国。先到北京，留心观察

---

① 吴虞（1872—1949），字又陵，亦署幼陵，号黎明老人，四川新繁龙桥乡人，近代思想家，学者。

② 《留日学生之新团体，丙辰学社之创立》，载《大公报（天津版）》1916年 12 月第 1 期。

第三章　吴君毅先生评传

国内大事，在耳闻目睹官场不正之风后，他曾奋笔致信堂哥吴虞："初到此间，万物皆有沉寂之感，而人事则有不安之象……作伪偷惰，无收拾事物之气力。满人之亡，亡于驻防饱食无事，故能力消亡。中国之衰，似源于政治之腐败，而尤为作官为甚。一行作官，则利益多而劳力少。中国最能销磨能力而利益最多者无如作官，且无需能力，故天下趋之若鹜。于是社会日益堕落，而国事遂败于冥冥之中矣。"① 他看透了官场的腐败堕落，深知国力衰落的原因，于是决心献身教育，以培养人才、砥砺学风为己任，于 1917 年 9 月出任北京法政专门学校教授兼任北京大学特约讲师。从此，先生将毕生心血和精力注入大学的教授之中。1920 年，先生出任国立北平法政大学教务长。1921 年，先生由教育部选派赴欧进修，《法政学报》记录了先生赴欧之事件，原文如下："本校政治经济科专任教员吴君毅先生学识深沉，抱负鸿伟。现教育部为培植特等教材起见，复派先生前往欧洲游学，闻在民国十年二月，必可放洋云。"② 先生先后在伦敦大学、柏林大学担任研究员，在长文《白种人之天下，他们有优越的文明》一文中，他记载了出国游历的具体时间："1921 年 5 月 30 日，离开'东方的冷

---

① 汪潜：《致力政法教育的吴君毅》，载四川省政协文史资料研究委员会、四川省文史馆：《四川近现代文化人物》，四川人民出版社，1989 年版，第 309－315 页。

② 《教员吴君毅之赴欧》，载《法政学报（北京 1918）》1921 年第 2 卷第 9 期。

静'的北京，向欧洲出发。6 月 1 日到南京，住四日。5 日到苏州，6 日到上海。22 日到香港，26 日到安南西贡。7 月 1 日到新加坡，29 日到达法国马赛港。"时年 8 月 1 日入英国伦敦政治经济学院研究，1923 年由英国赴德国柏林大学学习。在同年 11 月《与吴又陵书》中，他也记述了自己这段时间的奇特经历和体悟。[1] 如此丰富且长时间的游学经历，不仅开阔了先生的眼界，更让他明白中西教育的差异。1924 年游学结束后，先生回国，继续任北京大学教授，兼经济系主任。

二、兴学于川　造福家乡

1926 年，张澜先生创办国立成都大学伊始，便特聘吴君毅先生为成大教授，并委以兼任文、法两科学长及政治系主任。但自先生访欧归国后，其在国内高等教育界声誉日隆，四川军政当局争相礼聘。1924 年熊克武任讨贼联军总司令，聘请其为高等顾问，四川省军务督理杨森邀请其返川任教育厅厅长。因这些盛请皆不符合回川兴学的夙愿，先生辞谢四川军政当局的高位聘请，答应张澜先生参与国立成都大学的建设和发展。先生的堂哥吴虞先生在其日记中记载了此事，并写道："君毅回川，自能相助。"

张澜深知，学校办得好坏，关键是教师的质量。因此，他上任后即千方百计延聘名师。他提出"打开夔门，广纳英才，

---

① 《与吴又陵书》，载《晨报（副刊）》1921 年 12 月 19 日。

欢迎中外学者来川讲学！"的响亮口号，用人唯才，不拘一格。不管是"日本帮""欧美帮""高师帮"，或者哪党哪派，只要学术上确有地位，就一律欢迎，礼聘到校。[①] 这种广纳人才的想法与先生的治学理念不谋而合，先生便协助张澜校长延揽人才。但当时四川军阀连年混战，社会动荡，成都又地处西南盆地，交通不便，省外学者畏惧路途遥远，即便川籍学者也不愿回乡教学。然而先生不辞辛苦，一面设法与北京、南京、上海等地的川籍教授联系，苦口婆心地劝说他们归乡兴学；另一面又与中美文化基金会商洽，该会最终承诺为成都大学聘请五名讲座教授出资，并承担其赴川旅费及高额薪金。于是，成都大学先后聘请了魏时珍（德国哥廷根数理学博士，同济大学教授，蓬安人）为数学讲座教授、李幼椿（法国巴黎大学文学硕士，北京大学教授，成都人）为社会学讲座教授、曹四勿（德国爱兰根大学理学博士，北京大学教授，自流井人）为化学讲座教授、罗元叔（法国巴黎大学农业硕士，东南大学教授，自流井人）为生物学讲座教授、周太玄（法国国家理学博士，新都人）为动物学讲座教授。此外，还聘请了武昌大学教授沈懋德、东南大学吕子方、德国柏林大学哲学博士郑寿麟等知名学者。经过先生和张澜校长的不懈努力，最终成大的各科系都具备了国内一流的人才，如法学的朱显祯、裘千昌，政治学的赵

---

① 《四川大学史稿》编审委员会：《四川大学史稿（第一卷）》，四川大学出版社，2006 年版，第 103 页。

念非，教授英语的刘星垣，还礼聘叶秉诚、向仙樵、龚向农、林山腴等为历史、中文两系教授。次年又增聘刚返川的经学、史学新秀蒙文通为历史系教授。① 至 1929 年，国立成都大学设有文、理、法三院，加上新设的法律系共有 11 个系，分别是中文系、外文系、历史系、物理系、化学系、教育系、数学系、法律系、经济系、政治系加上文、理预科。这样的院系设置和师资配置当时在全国都是名列前茅的，先生对此可以说是功不可没。

1931 年，国立成都大学、国立成都师范大学、公立四川大学合并为国立四川大学，1932 年王兆荣出任校长，君毅先生受聘为秘书长。在三校合并期间，许多成大学子抗议合并。当时先生主张合并②，也由此遭到了成大学子反对，但先生深知合并才能使三校资源利用最大化，有利于四川高等教育的发展，因此即便成大学子和部分教师反对，他仍旧支持三校合并。在三校合并初期，川大的办学经费十分紧张，其实早在国立成都大学成立初期，就存在教育经费困窘的问题。为缓解该情况，先生倡导不受兼职薪金，得到了全校教授响应，以示与

① 吴天墀、杨正苞：《献身政法教育的吴君毅先生》，载《文史杂志》，1998 年第 5 期。

② 关于三校合并各教授的态度，根据《四川大学校史稿（第一卷）》记载："1931 年 10 月 1 日，时任四川省政府主席的刘文辉召集成立'四川省政府整理大学委员会'负责三校合并的事宜，当时张澜先生已离校，由熊晓岩担任代理校长，他又是整理大学委员会的成员，是力主合并的中坚人物，在他的影响下，学校包括吴君毅、魏时珍在内的 63 名教授，于 10 月 6 日联名写《国立成都大学教职员上省府函》，表示赞成有条件合并。"

学校同甘共苦。因此合校后的第一件事，就是要求四川省政府切实保障办学经费。为解决经费问题，1933 年元旦、春节期间，先生和魏时珍教授先后赴自贡、重庆谈判划拨教育经费，至 3 月议定：自当年 3 月起，学校每月直接从川南盐务稽核所提取 16000 元。但其实该经费也未获得，直到 1934 年川大的办学经费被列入国家预算，经费问题才有所缓解。1933 年 7 月，法学院院长熊晓岩因病辞职，由先生兼任法学院院长。《国立四川大学周刊》记载了吴君毅先生继任法学院院长一事，原文如下："本大学法学院长熊晓岩，前因患病迭函王校长请予辞职：王校长以熊院长情词恳切，自应承允，当另聘吴君毅先生继任法学院长仍兼任秘书长职，因吴院长以由渝归来，病未全愈而法院事务又甚繁重，恐对秘书长职务，有难兼顾之处，已正式函托刘秘书新锐为之代理矣。"[1] 至此，先生又重新开始管理法学院。

1935 年，先生的夫人病逝给他造成沉痛打击，他于当年辞去川大职务，随前校长王兆荣出川东游。至南京时，其留德好友吴昆吾、朱家骅聘其为交通部法规委员会委员，次年 5 月调任芜湖船政处处长[2]，但先生对官场生活并无追逐之意，任职未满三月即离任赴北平法商学院执教。

---

① 《吴君毅断任法学院长》，载《国立四川大学周刊》1933 年第 2 卷第 1 期。

② 《关于聘吴永权先生为交通部法规委员会委员的公告》《关于调任吴永权先生为芜湖船政处处长的公告》，分别载《交通公报》1936 年第 758、761 期，1937 年第 816、817 期。

1937 年，全面抗战爆发，先生返回四川，仍受聘于川大，担任法学院教授。1939 年，川大为免受日军轰炸，迁校于峨眉山，先生跟随川大去往峨眉执教。川大迁往峨眉后，办学和住宿条件恶劣，许多教师不愿继续留在川大，但在艰苦条件下，先生仍坚守其岗位，孜孜不倦为学生教授知识。1938 年12 月，时任教育部部长的陈立夫委派程天放接掌国立四川大学，这是国民党加速四川"地方中央化"的措施之一。12 月19 日，行政院以"国拾贰 5 字 14795 号训令"饬令四川大学代理校长张颐立即移交校政，程天放先行任职视事，而川大教师不满教育部对校长任免的安排，由此引发了一场"拒程"斗争。① 但这场运动未能改变国民党教育部的决策，程天放还是进入川大担任校长。程天放担任校长后，推行严密的训导制度，且其任人唯亲、钳制学术自由的行为为先生所不齿，先生遂于 1940 年冬二辞川大，返回成都。1941 年，先生受聘于朝阳学院（抗战时由北平迁来成都），兼政治系主任，旋朝阳学院又迁重庆，遂改任华西大学经济系教授。

1943 年春天，川大由峨眉迁回成都，此时的校长已由黄季陆担任，其担任校长期间不断扩大办学规模，在急需扩充师资的背景下黄校长礼聘先生重任川大政治系教授兼主任，至1946 年先生又兼任法学院院长。君毅先生重回川大后，继续

---

① 《四川大学史稿》编审委员会：《四川大学史稿（第一卷）》，四川大学出版社，2006 年版，第 205-206 页。

践行其提升学生素养、全面发展的教育理念，他认为外语对于学生学术能力的培养至关重要，因此在先生倡导下，政治系二、三年级学生开设英语政治学名著选读课，由该系教授萧公权、张国安用英语讲授，学生既提升了外语能力，又学到了专业知识。从 1950 年起，先生专任政治系教授。至 1952 年，正值全国高等院校院系调整时期，川大法学院法律系、政治系专家学者调往西南人民革命大学，先生因体衰多病，得校方照顾留校，至 1956 年退休。

君毅先生在川执教二十余年，作为一名老师，川大学子提起先生是无人不知、无人不敬佩，那种诲人不倦的精神令学子毕业后也终生难忘。因早年留学经历和深厚的国文基础，先生讲课时旁征博引，尤其是讲授政治时，典故信手拈来，道德风格令人佩服。[1] 作为国立成大和国立川大的职员，先生参与组建了国立成都大学，又见证了川大由公立转为国立的过程，之后跟随川大迁往峨眉，最后又参与了西南政法学院的组建。可以说君毅先生是西南法学教育的创始者和奠基人之一，为西南法学教育做出了不可磨灭的贡献。

三、致力学术　成果卓著

君毅先生于日本帝国大学获法学学士，其学术专精于政法领域自不待言，目前可寻到其所著文章之一有《挽近刑法之政

---

① 《吴君毅》，载《民意报（晚刊）》1946 年 6 月 17 日。

治化》^①。该文是其在日本习法后对世界刑法理论的重要总结，主要分为三个部分，第一部分主要讲刑法政治化的演进，在文章中他提到中西自古以来皆有法律，其大多集中在刑法领域，并由此提出刑法的起源："杀人越货之举，国家成立以后，即为侵害国家存亡之行为；而国家严刑峻罚，以维持其生存，至有时不惜残民以逞，故刑罚之起，与国家成立同时，而刑法之发达，所以为时独早也。"结合18世纪以来经济发达、学术勃兴的背景，他提出刑法政治化的三个特点：一是近世国家由警察国家转为法治国家，二是由专制政体变为立宪政体，三是由罪刑擅断主义变为罪刑法定主义。第二部分主要讲罪刑法定主义与客观主义，罪刑法定主义的产生与当时各国新定刑法有绝大关系。由于西方中世纪刑事制度的残酷、擅断和不平等，因此法国大革命后颁布的《人权宣言》规定：法律除有害社会的行为外，不能妄悬厉禁；非严明切要的刑罚，不得滥行规定；罪刑须在法律中预先规定，否则，任为何种行为，不得受罚；刑罚须与犯罪成比例。这实际上就是罪刑法定的由来，在其基础上形成了客观主义，即以刑罚为犯罪行为的制裁，犯罪为科刑的唯一理由。第三部分讲刑法政治化的原因，并介绍了部分刑法学说。在19世纪初期，刑法只限诸法律方面，而到20世纪初，刑法侧重于刑事政策，由此刑罚政治化有继长增高之

---

① 吴君毅：《挽近刑法之政治化（未完）》，载《学艺》1917年第1卷第2期。

势，其根源在于刑法理论的主观主义。而在近世主要有三种学派：一为以意大利龙博罗佐为代表的刑事人类学派，二是以比利时喀特勒为代表的社会学派，三是以意大利阿里美那和加尔勒维耳为代表的折中学派。

在经济学领域，先生亦有涉猎，现见论文《货币价值之成立》[①]。该文先于《法政学报》登出，在《学艺》杂志刊登的为重录版本，主要分为三个部分。第一部分讲何谓货币，指出近世 Knapp 教授提出的货币法定说虽较从前学说略有进境，然未免失之偏颇。他认为货币简言之就是一般交易的媒介物，其与货财最大的区别在于流通性的有无，有则为货币。第二部分主要介绍了货币价值学说，货币具有交换价值，其交换价值分为主观的交换价值和客观的交换价值。主观的交换价值因为货币所有者的贫富而产生的受重视程度不同，客观的交换价值则有生产费说、界限效用说和法定说三种学说。第三部分讲货币价值如何成立，在文中他提道："货币的价值，为各种各个货币的共通表现之物，绝非一种货币的价值。而且其价值并非出于其物质，惟继承古来成立的价值。"货币的价值决定其具有流通性，方能促进经济的运转。

先生在日本留学和欧洲访学的经历，使其对东西文化的异同具有深刻的认识和体悟，其见解集中于《白种人之天下——他们有优越的文明》一文中。文章的前半部分主要论述了英法

---

① 吴君毅：《货币价值之成立》，载《学艺》1920 年第 2 卷。

的文化渊源及其特点。关于英法，若要言其特色，法国可用"Woman and Wine"来代表，法国人一方面儿女情长，一方面又英雄气猛，平日虽风流自赏，冶佚猖狂，一朝为争自由、争独立，甚至因为好大喜功，则会拔剑而起，法国文明是希腊文明的代表。英国人则商人气质最重，如拿破仑所骂："英人是市侩的国民。"其对人如此，对殖民地如此，对欧洲大陆亦如此。英国是岛国，其殖民地散在远方，故船就是大不列颠帝国的神经动脉。英国人重实际、富有组织能力，此点颇足代表古代罗马。白种人继承的文明主要是古希腊文明和古罗马文明。希腊人各种精神能力相互调和，互相利用，哲学家称之"美满的完全"，这是希腊思想的一种异彩。希腊人既有如此优越的精神，于是第一便产出优美高尚的美术。这是希腊人理想的实物化。科学则是更大的创造，其成就正与美术相等，二者都惊心动魄。希腊人对人类最后最伟大的赠品是哲学。① 自省、自修、自知，足以代表希腊哲学的精神。要之，希腊人所以遗赠欧洲文明者有三：一是美术，二是科学，三是哲学。三者皆沁入欧人的肝脾，而自由思想，尤为欧人宝重，视为文明生活的动机与目的。罗马文明的特色是统系和秩序、公正和法律。罗马人既有希腊人的年少气锐，又有老成熟练的态度。希腊文明与罗马文明，二者本相互为用。欧洲现代文明是从希腊

---

　　① 熊飞宇：《吴永权君毅先生著译的钩玄提要》，载《宜宾学院学报》2012年第 4 期。

文明和罗马文明而来的。

从文章后半部分能看出先生对中西民族间文化差异的深刻思考。在文章中他提到，相比于希腊文明的发展本能，东方文明一般都是抑制本能。中国文明中，儒、释、老、庄的思想占据了最大部分。但东西方并非完全不同，也有相似之处，中国人颇似英国人，日本人颇似法国人，不同之处在于中国人崇拜先人，西方人则注重将来。

除此以外，先生在诗词方面也颇有建树，在 20 世纪 20 年代的成都文坛便名噪一时，可见其国文基础的扎实和文学素养的高超。多份期刊皆刊登其诗词，这些诗词是先生日常生活和心理活动的生动写照，从中我们窥探到先生日常生活的充实和情感的充沛。现列举部分如下：

在《社声周报》上刊登其《游仙》二首①：

休言一别隔仙寰，从此相思见面难。须记银河清浅水，自来潮汐到人间。疑是优昙示现身，华室微步起芳尘。陈王绮戚殊遣目，自写新词赋洛神。

楚天云雨太荒唐，雾餮风餐事渺茫。剩有仙音难忘却，自将银管谱霓裳。

---

① 吴君毅：《游仙》，载《社声周报》1944 年第 3 期、第 4 期。

在《时事周报》上有刊其《浣溪沙》二阙①：

二月阳和景和新，画堂春暖百花薰，玉帘开处见天人。漫指壁书详索问，偶传言语视温存，不关情处最销魂。

草长莺飞小苑春，谢家池馆渍芳尘，旧来同处易销魂。乍见桃花思笑靥，每因芳草忆罗裙，万般惆怅向谁论。

《学艺》杂志亦刊登其诗词，如七律《北海》②：

十里名园接紫微，仙山楼阁静朝晖。长廊压水看龙卧，双阙凌空作凤飞。粉镜妆台人远，铜仙铅泪旧朝非。衣冠文物中原地，迥首伊川欲涕洟。

同期杂志还刊登其《临江仙》六阙③，该词作于其夫人去世以后，其言辞悲痛恳切，回忆了夫妻二人相识相爱的场景。先生将对夫人的爱与怀念通过诗词表达出来，既是其悲痛心情的纾解，更可见其与夫人的相依相守、伉俪情深，原文如下：

---

① 吴君毅：《浣溪沙》，载《时事周报》1931 年第 2 期。
② 吴君毅：《北海》，载《学艺》1937 年第 16 卷第 2 期。
③ 吴君毅：《临江仙》，载《学艺》1937 年第 16 卷第 2 期。

悠悠生死别经年，人天消息茫然，蕊珠宫殿住神仙。黄泉碧落，何处是蓬山？

花发重城春色满，依然风月无边，当时同此倚栏杆。杏花凝恨，相对照愁颜。

琴瑟相调十五年，生憎别鹄离鸾，蓬莱何止路三千。春闱侵晓，惊梦恨啼鹃。

锦字重重无别语，客中惟劝加餐，郎身长健妾心安。索书犹在，憔悴不堪看。

车走雷声动暗尘，朔风吹梦，云平燕山，相对泪痕新。凄凉一语，相见有今生。

儿女高低来绕膝，米盐琐琐劳人，此中情味亦堪寻。当时欢笑，一室尽春生。

四、为人师表　爱护青年

作为一名教育家，君毅先生深知教育是要培养学生明理、成才，堪当社会大任，因此爱护青年、关心青年成长是情理之中的事。1919 年先生在北京执教三年后，正值五四运动发生，其对五四运动反封建、反迷信，提倡民主、科学的主张极为赞同，认为青年人具有强烈的爱国热情和向旧势力抗争的决心，更加坚定了青年才是中国的希望的认识，并激发了义无反顾地爱护青年的责任心。这从 1946 年他对学生抗议活动的支持中就可见一斑，时年，正值全国上下反对《中美商约》，而美国大兵强奸北大女学生沈崇再次激起了全国人民的愤怒，川大同学特别是女同学对此反应极为强烈。中共川大支部和民协不失时机地组织了新的斗争，把反对《中美商约》的斗争同反对美军暴行的斗争结合起来。但此次抗暴斗争遭到了重庆暴徒连续两次袭击，川大进步社团遂在校内连续开了三场声援大会，得到了先生的临场指导，川大学子的声援活动得以顺利开展并取得预期效果。①

先生爱护后生的事迹也是不胜枚举。1926 年先生回川与张澜先生筹备成立成都大学，在建校初期招生时，发现一考生答卷优良，却因家贫而无力入学。为此先生特地亲自前往查询，了解情况后，主动向该学生表示由他承担其入学的费用，该学生才得以入学学习。一年后，该生因家庭生活难以维持，又请求休学一年，先生怜悯其境遇，与叶石荪教授共同赠款资助，该生方能顺利完成大学学业。②

君毅先生对学生和蔼可亲，川大学子毕业后请他介绍工作，也是有求必应，社会不少知名人士都得到过他的提携。1986 年 12 月 12 日的《成都晚报》曾以《师道颂》为题记述成都科技大学徐荣中教师义务辅导支边青年王进等自学成才，赞其善举；其实，徐教授亦由先生早年发现，加以赏识，培植

---

① 《四川大学史稿》编审委员会：《四川大学史稿（第一卷）》，四川大学出版社，2006 年版，第 260－261 页。

② 汪潜：《致力政法教育的吴君毅》，载四川省政协文史资料研究委员会、四川省文史馆：《四川近现代文化人物》，四川人民出版社，1989 年版，第 309－315 页。

成才，可见先生品格之伟大，使得中华民族尊师惜才的传统能够历久不衰。

其后发生的一件事更能说明先生的深明大义。1928 年，四川军阀奉行蒋介石的指示，大搞清党反共的政策，在成都制造了"二·一六"惨案，捕杀革命师生十余人，其中就有国立成都大学六个学生。其间先生和校长张澜四处奔走呼吁，奋力营救而未获结果，张澜校长因此愤而通电辞职。在这种情况下，成都各校均呈现出一派阴森恐怖的气氛，人人自危。当年 10 月，中共川西地下党委在策动广汉起义，成都川军当局察知后甚为恐慌，连连派军队到各校搜捕"嫌疑分子"。一日，生物系助教张荣禄提一个中式皮箱仓皇到办公室对先生说："此箱是在生物系办公室发现的。"当下开箱检视，发现内有红墨水抄写的广汉起义文件，列有中共地下党员三十余人的名单数张。先生一看该名单既在校内，肯定是革命的青年学生所为，当时也顾不上个人安危，立即在办公室点起火来将名单焚毁。[①] 这种临危不惧的行为，消除了一场血腥的惨祸，也正是他爱护学生的真挚表现。

---

① 吴天墀、杨正苞：《献身政法教育的吴君毅先生》，载屈小强《文史杂志（成都）》1998 年第 5 期，第 14—17 页。

第四章　朱显祯先生评传

朱显祯先生，四川璧山人，1896 年出生，曾任国立四川大学法学院教授、法律系主任。

一、桐花万里　雏凤清声

朱显祯生于 1896 年，四川璧山人。[①] 父亲朱大镛，号平轩，同盟会会员，1878 年出生于璧山名绅朱家[②]，为日本明治大学留学生，经学部验看考试列最优等，赏给法政科进士，历任高等审判厅川东上诉审判处处长、四川省议会会长等职，与

[①]　对于朱显祯先生出生的地点以及成长的环境，暂无准确的资料，在越生文化主编的《中国近代教育文献丛刊（留学教育卷 05）》（浙江教育出版社 2020 年版）第 22 页中列明其国内通信处为四川璧山县金堂寺侧朱宅。而马龄国《一个律师世家的故事》（载《律师世界》1996 年第 6 期）第 47 页中写明朱显祯先生出生于日本，并在日本接受小学和中学教育，但并无相关的资料印证。

[②]　参见马龄国：《一个律师世家的故事》，载《律师世界》1996 年第 6 期，第 46 页。

第四章　朱显祯先生评传

吴虞等人均有交往①。母亲陈氏②，为璧山县璧城镇（今璧山市璧城区）陈鱼村之女，陈鱼村为袍哥大爷。舅舅陈懋昭和陈雪樵，一个为璧山县都督，一个为璧山中学校学监。③ 整体来看，良好的家庭氛围为朱显祯先生的成长和求学奠定了良好的基础。

1920 年前后，先生进入日本京都第三高等学校的文科学习，就读期间通过中华学艺社结识了在熊本第五高级中学学习的裘千昌先生，高等学校学习结束后进入京都帝国大学攻读法学士，并于 1927 年毕业。④ 从日本学成归国后，先生先后在中央大学、中山大学以及四川大学任教。先生在川大任教期间编写了《亲属法论》《继承法论》《法学通论》等教材，并讲授当时苏联的《继承法》。⑤ 此外，先生还于 1931 年作为四川农界代表出席国民会议。

先生与王文彬女士成婚，育有三个孩子：朱华荣、朱华泽以及朱华清。朱华荣先生为我国著名刑法学家，曾执教于华东

---

① 参见吴虞：《吴虞日记（上册）》，四川人民出版社，1984 年版，第 87、99 页。

② 对于朱先生母亲的家世，主要参见《陈懋昭剪辑》，载中国人民政治协商会议四川省璧山县委员会文史资料委员会《璧山县文史资料选辑（第 1 辑）》，1988 年，第 24 页，其中特别说明朱大镛为陈懋昭的姐夫，陈雪樵为陈懋昭的亲弟弟，亦称朱为姐夫。因此朱大镛的妻子应该就是朱陈氏。

③ 县政协文史资料办公室：《陈懋昭剪辑》，载中国人民政治协商会议四川省璧山县委员会文史资料委员会：《璧山县文史资料选辑（第 1 辑）》，1988 年，第 24 页。

④ 越生文化：《中国近代教育文献丛刊（留学教育卷 05）》，浙江教育出版社，2020 年版，第 22 页。

⑤ 四川省地方志编纂委员会：《四川省志·哲学社会科学志》，四川科学技术出版社，1998 年版，第 206—207 页。

政法大学；朱华泽女士亦贡献于法学界，任北京大学法学院教授，以法理学研究见长。二人均先后毕业于四川大学法律系。

二、传道授业　诲人不倦

朱显祯先生于 1935 年秋来到川大法学院任教。在此之前，先生曾任教于中央大学和中山大学，并担任中山大学法学院法律系主任。根据 1930 年《国立中山大学一览》，该校法科法律系四位教授均留学日本：朱显祯、余群宗、胡恭先均为日本京都大学法学学士，薛祀光为日本九州帝国大学法学学士，其中前三位均为四川人，余、胡籍贯分别是广安和西昌。① 据此可以大胆推测，先生入职中山大学更多的原因可能是作为前辈的余教授和胡教授相邀。当然，这也为日后川大法律系教授队伍奠定了基础。

先生在中山大学法律系讲授民法总则、亲属继承法多年，学问渊博，法理精通，素为该系各班学生所爱戴。1931 年 9 月先生因事北上，学生张仲绛、周承文等数十人发起挽留朱显祯教授活动，并呈请时任法学院院长薛祀光转呈邹鲁（当时的中山大学校长）致电给朱显祯教授。邹鲁于 1932 年 2 月 15 日致电朱显祯教授，请其即日来中大重执教鞭。② 当时中山大学代理校长许崇清被免职，大批教授因此离校，留在学校的教授

---

① 《国立中山大学一览》，1930 年，第 333—334 页。
② 《法律系学生挽留朱显祯教授》，载《国立中山大学日报》1932 年 2 月 16 日，转引自冯双：《邹鲁年谱》（上卷），中山大学出版社，2010 年版，第 473 页。

也有不少在打"跳槽"的主意。邹鲁到任后，极力挽留包括先生在内的教授们，在校长的挽留之下，先生继续在中山大学执教鞭。[①] 根据中山大学的记载，先生 1932 年 8 月到校，所教科目为民法总则、亲属继承、法理学三科。[②]

至 1935 年，先生回到成都。回到成都的原因，很可能是考虑到父亲朱大镛的病情。在 1935 年的演讲中，先生顺带提到"本年 3 月底，我因为得到家电谓父病甚危，不能不赶紧由广东坐飞机回成都"[③]。加上时任川大校长任鸿隽相邀，先生遂服务于川大，直至离世。值得一提的是，根据《民国三年四川法政学校教员表》，朱大镛曾担任民法总则科目的教员。[④]而 21 年之后，其子朱显祯先生回到国立四川大学，教授民法总则、亲属法、继承法。[⑤] 20 世纪 80 年代，川大恢复建系，但碍于师资力量不够，朱显祯先生的儿子朱华荣先生应邀从上海来川大讲授刑法，甚至作为刑法专业答辩委员会的主席与当时的周应德、伍柳村、赵炳寿教授一起参加川大学生的硕士学位论文答辩。纵观四川大学法学院的百年发展历程，朱家三代人都付出甚多，应当被永远铭记。

---

① 王政：《历史的棱角 晚近中国卓行奇语考录》，中国长安出版社，2007 年版，第 106 页。

② 国立中山大学教务处：《国立中山大学》，1933 年，第 373 页。

③ 《朱显祯先生讲：知法与守法：十月十四日文法学院纪念周》，载《国立四川大学周刊》1935 年第 4 卷第 7 期。

④ 《本校人员一览表》，载《四川法政学校档案》，现藏于四川大学档案馆。

⑤ 《国立四川大学一览》，1936 年，第 130、136 页。

任职川大法学院之初，先生感觉川大法律系的参考书太少，首先向学校请购了大批外文书籍和杂志，其中以德、日文书籍最多，同时引荐很多法学学者到川大讲学，并要求法律系的同学，除了注重实用方面还应注意高深学理的探讨。朱先生在川大法学研究会成立大会上说："我们今后研究法律应该理论与实用并重，对于法律的体系和理论的展开，都要有深切的理会，对于新近的判例和现行法的解释，我们不但要了解，还要作进一步的研究和批评。"①

1936 年，在以先生为代表的多位教授协同努力之下，川大成立民众法律顾问处。早在中山大学任教时，先生就与胡恭先等教授一同成立民众法律顾问处。顾问处运行之后取得良好的成绩，甚至广州教育局也仿照中山大学成立民众法律顾问处。川大民众法律顾问处的成立和运行借鉴了前者的经验。顾问处开放问询后，前来寻求解答者异常踊跃，从 4 月 11 日至该月底，就接到询问事件 46 件。② 1939 年，川大迁校峨眉，当时因为峨眉交通不便，物资缺乏，很多教授因此辞职，有些课程甚至难以开班，但是法律系的教授始终照常上课，而且添聘了两位知名教授，一位是后来的系主任胡元义先生，一位是刑法教授赵念非先生，法律系之所以如此，"都是由于当时系

---

① 诚毅：《十二年来的川大法律系》，载《国立四川大学校刊》1943 年第 15 卷第 12 期。

② 参见《民众法律顾问处工作紧张》，载《国立四川大学周刊》1936 年第 4 卷第 32 期。

主任的声望和热情以致之"①。可见先生在川大期间，为提高
川大法律系的教育质量进行了多方努力，在抗日战争爆发的大
背景下，这一切都尤为难得。

在从事教学工作的同时，先生也先后担任法学院法律系主
任、教务长职务。1940 年，时任法学院院长曾天宇，暑假因
病请假一学期，假满之后又因事留成都，不能重返川大。至
1941 年 2 月，校长程天放认为法学院院长一职极为重要，不
能久悬无人负责，因此特地敦请先生担任法学院院长，此时先
生在川大任法律系教授兼系主任已历六载，成绩显著。校长认
为"此后（先生）对于法学院院务，及学术研究工作，必有一
番整顿也"②。先生担任院长之后，系主任一职由胡元义先生
兼任。1941 年 9 月，文学院向仙乔院长兼文科研究所主任辞
代理教务长职务，由先生代理教务长一职，偕同校长等人处理
校务。

1942 年，朱显祯先生一手创办了《法学月报》，经费由学
校负担一部分，主编人还包括裘千昌、胡元义、余群宗三位教
授。从 1942 年到 1943 年《法学月报》一共出版了四期，时任
川大教员林诚毅即认为"这是目前国内仅有的刊物，不仅是表

---

① 诚毅：《十二年来的川大法律系》，载《国立四川大学校刊》1943 年第 15 卷第 12 期。

② 《法学院院职程校长聘朱显祯先生担任》，载《国立四川大学校刊》1941 年第 10 卷第 2 期。

现四川大学的成绩，而且对于国家社会裨益极大"①。1942 年 8 月，先生继任川康绥靖公署军法处长，奔波于成都、峨眉两地。同年冬天，校长程天放离开川大前往中央政治大学任职，校长职位由先生暂代。此时黄季陆任川大校长的消息传至峨眉，在学生中引起了巨大的轰动。黄季陆为国民党四川省党部主任书记，当时被学生认为是"一个道地的党棍，而不是一个学者"②，加上各方力量的鼓动，学校内爆发了反对黄季陆的罢课和游行活动。当时游行的学生直接走到先生在报国寺的住所，伴随着四起的枪声，强迫先生将校印交出。先生镇定自若，向前来的学生陈明其中的利害，但相持一个小时之久仍然无济于事，最终校印被学生拿走。先生原本患有瘤病，经过调养之后病情尚稳定，但经此一遭，先生病情急剧恶化，最终于 1943 年 5 月 14 日在家中逝世。③ 友人在追悼会上给先生题的对联是"卅载知交惭马齿，千秋遗恨在峨眉"④，直指"校印事件"导致先生发病离世。

　　先生去世后，校法学会为先生的油画遗像发起募捐，并将

---

　　① 诚毅：《十二年来的川大法律系》，载《国立四川大学校刊》1943 年第 15 卷第 12 期。

　　② 王师禹：《川大学生反对黄季陆任校长的经过》，载中国人民政治协商会议成都市金牛区委员会文史资料工作组：《金牛文史资料选辑（四）》，1987 年，第 149 页。

　　③ 《川大教务长朱显祯病逝》，载《新新新闻》1943 年 5 月 15 日。

　　④ 王师禹：《川大学生反对黄季陆任校长的经过》，载中国人民政治协商会议成都市金牛区委员会文史资料工作组：《金牛文史资料选辑（四）》，1987 年，第 156 页。

遗像献赠校方，校长亦允准补助所募不足之款数并拟为朱先生造林以资纪念。[①] 先生离世五年之后，时人在回顾川大法律系发展的历程时都不禁扼腕叹息："本系前由民法专家朱显祯氏主持系务，惨淡经营，煞费苦心，建立本系基础，不久朱氏积劳成疾，竟以长逝。"[②] 先生的离去是川大法学院的巨大损失。

三、修齐治平　明德树人

从 1928 年回国至 1943 年，先生任教法学院统共 15 年之久，对于法学教育的理解集中体现在其文《改进我国法律教育之私见》一文中。该文首发于《法学月报》1942 年第一卷第二期，复刊于《高等教育季刊》1943 年第三卷第一期。该文依次讨论了法学教育在中国的发展历程、法律系的设立与师资培养、司法组科目、教学方法等内容，从该文中大体可以看到南京国民政府时期法学教育的发展情况以及先生对于如何发展法学教育的一些想法，下面对其法学教育的思想略做归纳。

（一）建设法治国家必先培育法律人才

先生提出，近代式的国家必然是一个法治主义的国家，法治国家的公务人员，必须具备基本的法治常识。而树立法治、实现法治，首先是提倡和发展法学，以养成法治主义的人才，因此对于法学教育的基本态度是应当提倡甚至普及，在质的方

---

① 《校闻点滴》，载《国立四川大学校刊》1943 年第 15 卷第 8 期。
② 雨田：《法律系概况》，载《川大学生》1948 年第 1 期。

面应力求改进，在量的方面也应该力求增加。先生建议公私立各大学之法学院而无法律系者均应严饬其增设法律系，一个大学里的法学院有政治经济学或社会学等系却无法律系是辜负了法学院之名。

回顾从清末到民国的法学教育，成绩并不理想，先生反思了法学教育不同时期的各种窘境："法律教育的基础是系统化的法律，但是在将以礼治国奉为圭臬的传统社会，缺少近代意义上的法律教育。清末改革变法中，或创办法政学堂，或派遣学生留学，但一切都以旧的教育成果——秀才廪生作为基础。辛亥鼎革之后，不论是在中央还是地方，各类法政学校蓬勃发展，但时人对于法律本身缺乏深刻的理解，学生也没有经过系统和科学的训练，这一时期的法学教育完全失败，毫无成绩可言，不过粗制滥造了一大批毫无法律常识之法律人才而已。"①国民政府定都南京之后，颁布各类法典及法规，各法律学校将其作为研究、教授的对象，同时法律教育的师资渐备，本是法律教育发展的好时机，但是对法律系招生的限制极大影响了学生培养的规模。至40年代，许多大学仍未设法律系，而在有法律系的大学，设备与教学又不为当局所重视，加上招生限制，最终的结果就是法律系所招学生寥寥无几。先生建议各大学法学院应当普设法律系，扩大学生的培养规模。

---

① 朱显祯：《改进我国法律教育之私见》，载《高等教育季刊》1943年第3卷第1期。

与此相关的另一个问题是，师资的缺乏造成法律系的设置以及教学存在诸多困难。先生认为发展法学教育的另一着重点是培养法律师资，储备法律人才。法律系师资与自然科学相比，其特殊之处在于并不存在唯一的模式，从外国学来的知识不能直接教授。但是法律教育的方法，中国历来没有，因此在教育方法上又必须借鉴外国。在先生看来，外国留学回来的法律学者，必须对本国的法律有相当的认识和研究。而要教得有声有色，又不仅要对法律学有着深刻的研究和独到的见解，而且要对中国的判例、解释例有充分的了解。当时的教授聘请存在较大的困难，留学归国者长于学理，但对中国判例的理解不足；熟悉判例、富有实际经验者又疏于学理，均难达到教学效果。先生建议切实培养法学教育之师资，对于法学有一定成就且有志于法学教育者，应当提供研究进修的机会；任教五年以上的法律教授，应当派遣至外国考察法律，促进教学相长。

（二）以学术交流推进法学研究

法学研究是法学发展的基础，在中国的法学理论研究中，有添设法学刊物、推进研究会之必要，以推进法学研究与批评。从清末改革到抗战发生，其间法学刊物只有几种，且战争发生之后，许多法学刊物都因各种原因被迫中断。偌大的中国领土之内，找不到一本定期出版的法学刊物，甚至《中华法学杂志》亦于 1941 年停刊，专门的法学研究著述更是难觅踪影。先生认为，长此以往，对于中国法治前途是有害的，中央及地方当局应当对此类刊物著述极力加以爱护和奖助，教育部及地方当局更应当有一奖励办法，以达到交流学术成果、普及法律智识之目的。

1935 年，司法当局以司法会议召开之契机成立中华法学研究会。对于中华法学研究会，先生认为应当由司法行政部与教育部共同设立，由公立、私立大学法学教授及各高等法院院长、推事等组织，即理论与实务界互相交流，以达到法律制度之改进与法律教育之推行的双重目的。同时应当定期组织会员开会，集思广益，将各种讨论及意见于《中华法学杂志》发表。其他法学杂志及著述之奖励，以及师资之养成，应当由中华法学会组织，进而收上下一体之效。

（三）教学应结合理论与判例进行

英美法系重视案例教学，而大陆法学更加侧重讲义式教学。先生认为，中国的法律教育可以两种教学方法并用。先生总结十多年来的教学经验，认为可以一方面将课程编成一套有理论体系的讲义，同时在讲解的过程中穿插中外学说理论和最高法院及司法院判解例。以理论为经，以判例为纬，从而达到理论和实践互相交流的目的，加深学生对于抽象法律条文的理解。

此外，先生认为对判例解释进行研究和批评这一工作极为重要。它可以使法学教育对于判决例有充分的了解和引用，让法官有进修精神，以免故步自封。先生主张大学法律系成立判解研究批评会，由该系全体教授每周集合开会一次，并定期研究批评报告。但这一理想也遭遇着现实的障碍。司法院、最高法院及各省之高等法院的判例定期送往法学院难以实现，且法院普遍认为学院对判例进行研究批评，有损法院权威。先生认为，判例解释之研究外国早已行之，却无损法院权威分毫，我国亦有施行之必要。

（四）法律社会实践是教育的重要内容

法律教育的目的，不仅仅在于培养所谓的专门司法人才、法律学者、律师、行政官吏等，更重要的是，在专门知识之外，让"他们对于自己人格，有更深的陶冶，即是对于社会公平、正义的意识，有更深切的理解与把握"①，而非仅仅培养把法律拿来歪曲解释，或不正当运用法律技术的"法律人"。

法律社会实践是法学教育的重要内容。先生认为，全国各学校的法律系应当设立民众法律顾问处，由一名助教负责，一面为民众解答法律疑问，借以普及法律教育，一面收集社会上新鲜事实，作为四年级学生解答法律问题之练习或作假法庭之审判实习案件。在四川大学民众法律顾问处成立会上，先生提出："我很想本系的学生，除了研究课本上的法律知识而外，更进而研究社会上的法律问题，使学理与社会发生关系起来。"②

当年在日本京都帝国大学求学时，医科方面的同学每每谈

---

① 朱显祯：《改进我国法律教育之私见》，载《高等教育季刊》1943 年第 3 卷第 1 期。

② 《民众法律顾问处成立会纪念》，载《国立四川大学周刊》1936 年第 4 卷第 31 期。

及今天解剖了什么"女尸""男尸"，先生时常觉得羡慕，很想自己所学的法律知识也能来解剖社会实际的具体事件。民众法律顾问处即提供了这种机会，有理无钱而受了法律蹂躏的人，尽可以到该处来问，该处详细为之指点。法律不过是白纸上写黑字，其能发生效力，要求一般人都去拥护它。先生认为当时中国一般民众非常缺乏法律知识，很多概念未必能够得到理解，尤其是新颁的许多法律，知法律者当然容易解决，而不知法律者，却很感觉痛苦。学校成立民众法律顾问处，即可指示一般民众，使其得着许多利益。[①] 民众法律顾问处一方面可以避免闭门造车之讥，另一方面也可以引起学生研究法律的无限乐趣。

四、业精于勤　上下求索

先生在中山大学与刘光华、何思敬、陶因、李超桓、胡恭先、薛祀光等教授组织《社会科学论丛》月刊[②]，该刊物于1928年正式出版，先生在该刊物上发表论文10余篇。通过统计先生发表的论文，可以看到先生共发表论文21篇，见于各类期刊、书籍中。《法律解释论》一文收录在吴经雄、华懋生主编的《法学文选》中，成为当时研究法律的学人必读的文

---

① 《民众法律顾问处成立会纪念》，载《国立四川大学周刊》1936年第4卷第31期。

② 胡恭先：《胡恭先自传》，载中国人民政治协商会议、凉山彝族自治州委员会文史资料研究委员会：《凉山彝族自治州文史资料选辑（第五辑）》，1987年版，第111页。

章，当然，该文亦成为研究法律解释无法回避的文章。先生对于法学理论亦有颇多研究，在此合并进行概括。从法理的研究来看，先生认为立法关系着三民主义的实现，厉行法治有助于解决国难，对于法律应当具备的要素也展开了讨论。

先生的研究主攻民法，包括亲属、继承编等内容。根据四川大学民国学位论文库中的数据，先生指导的本科学生学位论文的主题也主要涉及婚姻家庭、妇女地位、养子制度等方面，共计 10 篇。1937 年教育部编著的《全国专科以上学校教员研究专题概览》中特别载明，先生当时研究的题目是《民法亲属继承编之研究》，研究始于民国二十二年七月一日，预定完毕于民国二十七年六月三十日，且特别注明，"先就各个问题，作专门的，系统的研究，一俟得有相当结果，即出专书问世，一以作法律解释之准绳，一以作今后亲属继承编改正之基础"①。从民法的研究论文来看，主要集中在婚姻法方面，包括介绍外国案例及立法实践，如《一个焚书遗嘱之法律问题》《男女平等与中国婚姻立法问题》，以及专题论述婚后准正、结婚年龄、男女平等问题。下面就朱显祯先生的法理及民法研究中的主要观点略做归纳。

（一）法理研究

制定法律应当以社会为本位。法律的发展应关注社会实际

---

① 教育部：《全国专科以上学校教员研究专题概览（下册）》，商务印书馆，1937 年版，第 372 页。

的运行情况，注重社会整体利益实现的过程中不应当忽视对弱者利益的保护。在《生存权与中国立法问题》① 一文中，先生特别指出谋求生存是人的基本目标，但是社会的贫富相悬，使得无产者的生存更为困难，进而出现劳资问题。国家法律对来自他人的暴力予以打击，但是对于饥寒侵害生命却置若罔闻。近代社会多数之人依靠劳动生活，劳动待遇和保障，尤其是关于未成年人和妇女劳动的规定，都是劳动者生存权的基本问题。对于通过立法保障生存权，先生认为应当从三个方面进行：一是应在可能范围之内，除去社会上不劳所得之事实，即须努力求劳动全收益之实现，防止榨取阶级之产生，以免危害民生；二是应确立劳动能力者之劳动权，有劳动能力之个人，在社会中不能自身发见劳动时，根据劳动权，得请求国家或地方团体，给予一定之劳动；三是应固守生存权为中心之法律体系的基础。②

　　法律解释应当注重与社会实际情形相联系。法律解释是一门学问，法律的解释本身就是对法律的认识，与法律学本身不能分开。在既有的研究中，法律解释偏重论理，完全不顾现实生活，法律解释遂成为"伦理之游戏场，概念之陈列馆"③，法律研究与社会生活背离。先生认为，法律解释应当从既成之

---

　　① 朱显祯：《生存权与中国立法问题》，载《社会科学论丛》1929 年第 1 卷第 6 期。

　　② 朱显祯：《生存权与中国立法问题》，载《社会科学论丛》1929 年第 1 卷第 6 期。

　　③ 朱显祯：《法律解释论》，载《社会科学论丛》1930 年第 2 卷第 8、9 期合刊。

法律出发，并且妥当处理与现行法律之间的关系，注重将来之保障。法律解释的落脚点在与社会实际相联系，考虑法律本身的目的和社会实际中的要求。此外，法律应当与其他学科密切联系，防止孤立。

（二）民法研究

民法的编订应当注重立法技术。先生以当时的婚后准正制度举例。① 根据当时的民法，非婚生子女对生父取得婚生子女之地位，有两种方法：一是由生父认领；二是由生父生母婚后之准正。非婚生子女与其生母视为当然婚生子女，而非婚生子女与生父之关系，非经生父之认领不发生父子关系，即使事实上有父子关系，亦不能认为在法律上有生父生子之关系。这就产生了一个问题，生父与生母结婚，对于形同路人之生母之配偶，如何能发生法律上当然准正之效果？此外，非婚生子女一经生父认领视为婚生子女，不必待生父生母结婚之准正。因此，生父认领与生父生母结婚二者之间存在天然的矛盾。先生还指出，民法的编订立法技术上仍然存在缺陷，应当将草案公之于世，以供一般法律学家及法律实务家之研究批评。

婚姻立法应当贯彻男女平等的基本理念。在先生看来，婚姻为人类社会之基本组织，民族命脉之所系托。婚姻问题即社会问题，亦即民族问题，婚姻问题之圆满解决，亦即社会问题

---

① 朱显祯：《论我民法上之婚后准正》，载《社会科学论丛》1934 年第 1 卷第 3 期。

与民族问题之圆满解决。① 然而圆满地解决婚姻问题之关键，却在夫妻地位之完全平等。具体体现为男女之结婚年龄问题、妻之能力问题、废除夫权、离婚原因之平等四个方面。在结婚年龄上，法律上以妻为有行为能力人，而不提高女子之结婚年龄，那么年幼女子一旦为妻，其知识既薄弱，经验复缺乏，而使其享有行为能力，是危险的。因此，先生主张将女子结婚年龄提高至与男子相同的十八岁，进而保护女子在婚姻中的权利。在妻之能力方面，按照当时社会习惯，妻有从夫之义，而限制妻之行为能力之根据，不在妻之知识经验之不足，而在维持夫妇共同生活之和平。先生认为这种做法毫无根据，且不合常理，因此对妻子的行为能力应当予以扩大。对于夫权方面，在婚姻生活中，妻只有唯夫之命是听，妻之私有财产之管理收益被视为夫当然的权利，亲权之行使则有优越之权，先生认为这种不平等的夫权条款应当废除。在离婚原因上法律也没有贯彻平等。历来律例，对于夫妻之离婚极不平等，夫虽有出妻之权，而妻则无出夫之权。北京政府旧民律草案之规定，亦未能贯彻完全平等之精神。离婚原因，应完全立足于夫妻平等之原则上。当然，先生也承认法律上的规定是一方面，社会实际中男女差距太大会直接导致法律虚设，因此女子应当奋发觉醒，培养见识能力，男子也应当尊重妇女人格。

---

　　① 朱显祯：《男女平等与中国婚姻立法问题》，载《社会科学论丛》1930 年第 2 卷第 5 期。

第五章　胡恭先先生评传

胡恭先先生，四川西昌人，1899 年出生，曾任国立四川大学法学院教授，政治系主任。

一、疾风劲草　乱世求学

1911 年，年方十二的胡恭先在私塾学习时，适逢辛亥革命爆发。

两年前，胡恭先于县立高等小学肄业，因病返家，家人请颜汝励在胡氏祠内设立私塾，让他继续上学。事实上，相比大多数同龄人，幼年的胡恭先无疑幸运得多：父亲胡光晋早年游学成都，在锦江书院学习，后又赴日本留学，在家乡是位兼具学识和社会地位的人物。出生于这样的家庭，胡恭先六岁发蒙，后于杨端宇、刘治远、李时品处受业，自小就在优渥的教育土壤中成长。

但这个年代的书桌总是难以安宁。1911 年秋天，当武昌的烽火在年迈的帝国躯壳上烫下鲜明的烙印，随之而来的种种变动在极短的时间内席卷全国，并直接拉扯中国这艘大船以后的航行方向。事后而论，辛亥革命无疑是一座耀眼的历史丰碑，但就当时来说，革命的余波在小小县城将会搅起怎样的水花，却是完完全全的未知数。

胡恭先先生在遗稿中是如此描述的："……地方动乱，乡里惊扰。更因武昌起义，各省纷纷响应，风声鹤唳，人心惶惶……"① 父亲胡光晋这年冬季还家，受县机关法团绅耆的邀请，到县城商讨方法应付时局，胡恭先也随行而去。讨论的结果是，众人推举胡光晋前去会见知府王典章、总镇董南斌——胡光晋不负众望，成功说服他们率官员起义，在会府举行仪式宣布反正，并电告川滇两省都督，至此地方总算得以安宁。

可以说，比起后来积极投身于各种救亡图存政治运动的形象，此时年方十二的胡恭先只是较近距离的旁观者，目睹辛亥革命在小小县城掀起的余波。置身于一个新旧交替的时代，永不缺少的就是时局变动的冲击。1912 年，胡恭先应父亲要求，欲远赴上海，参加留法勤工俭学会，却突逢第一次世界大战爆发，行程不得不终止，但外出留学的念头到底是种下了。时至1916 年，有亲戚将返日本继续求学，胡恭先便与堂弟相随，经昆明、越南、香港而达日本，1917 年入东京成城学校，终于开启了自己的留学生涯。

留学的第一印象是美好的。学校有为中国学生专设的中学班，日本老师均具备在中国的任教经历，先生后来回忆时，提

---

① 　胡恭先：《胡恭先自传》，载中国人民政治协商会议凉山彝族自治州委员会文史资料研究委员会《凉山彝族自治州文史资料选辑（第五辑）》，1987 年版，第 107 页。

及老师们和蔼可亲，循循善诱，言辞之间颇有赞许之意。但学校时光虽静好，国际局势却愈发动荡。1914 年 8 月，日本对德宣战，随后派兵侵入中国山东，占领青岛；1917 年，段祺瑞政府不仅不力争山东权益，反以出卖东北修筑铁路、砍伐森林和采矿等权利为代价，向日本大借款项，后续更同意日本驻兵济南、青岛，承认日本在经营和管理胶济铁路方面享有种种特权。通过借款，日本所攫取的政治经济特权无算，段祺瑞政府则利用借款建立参战军，进一步巩固皖系军阀的实力。主权丧失，国人受辱，举国愤然。

纵观近代历史，每当国家有难，学生群体总会毅然挺身而出，站在时代的风口浪尖上大声疾呼。1918 年 5 月 7 日，东京留学生们自发组织起来，行进到驻日使馆，要求公使章宗祥向日本做出反对二十一条的表态，并质问与日订立军事协定和西原借款诸事。章宗祥含糊其词，学生们遂以卖国汉奸等语厉斥，群情汹涌之下，章宗祥不得不避去。随即日本宪兵赶来驱逐，这一自发的学生运动遂以无组织无计划的缘故暂告失败。

但火苗一经点燃就不会轻易熄灭，以强硬手段镇压学生运动，向来只会激起更加激烈的反抗。一面，仍有各校留学生三五分赴使馆继续抗议，为宪兵所阻；另一面，留学生们推出代表预备就此事协商对策，其中胡恭先先生代表成城学校、好友彭湃代表目白学校，而开会途中，有多人遭警察逮捕。有女生跳楼负伤，更激起全体留日学生的怒火，一致决定回国以示反抗。青年胡恭先随队短暂离开日本回到上海，在这段时间里，他常常一边在上海的学校、街头宣传，一边贩卖《救国日报》等书报，希望唤起同胞救国之心。

1919年4月，彭湃联系先生，组织学生去车站轰逐章宗祥。彼时除有使馆人员相随外，日本内相水野、外相斋藤亦来相送。火车出发之际，众志成城的学生们展开所持纸旗，上书"反对廿一条！""反对中日军事协定！""反对中日大借款！"等语，情绪激动处更直接将纸旗投入车厢以表斥责，章宗祥不得不请水野派人保护。学生出站后，有警察前来，彭湃等被捕，后被释放。

至此，这场因二十一条、西原借款等事而起的留日学生政治运动告一段落。在这场运动中，青年胡恭先展现出杰出的行动能力和执行能力，此间结识的同道好友，将和他在未来的求学与工作中相互扶助；而就像同时代的许多中国青年一样，救亡图存的危机感与使命感在往后的岁月里也会继续影响、驱动他参与救亡图存的运动。

实际上，这种影响是相当直接的：1919年，先生于成城学校毕业后，决心进入京都帝国大学理工科学习，以实现自己实业救国的愿望。遗憾的是，他投考未被取录。次年考入爱知医科大学预科，又因未能补上公费，无奈肄业。求学本就磕磕绊绊，雪上加霜的是，1921年先生入大阪高等学校攻读时，忽然收到父亲病逝的噩耗。这当然是一个沉痛的打击，他跨越迢迢万里，返家料理丧葬事宜，直到次年初春才回到日本继续学习——"到校攻读理科，埋头专心一志于数、理、化和英、德、日语文诸科，日无暑暇，艰苦备尝"①，似乎想通过埋头苦读的方式来排遣内心的痛苦。但时势总是叫人不得安宁，因为国内军阀混战、局势动荡，留学公费专款被当局截留。一时之间，丧父之痛，求学之难，接踵而至，前途实在难以预料，幸而有归国友人资助，才渡过困境。

1925 年，胡恭先先生入京都帝国大学，却一反先前志愿，改习法科，他是这样解释自己的改变的："盖因国内战争频仍，产业凋残，列强侵略，国势凌夷，有识之士，均欲奋起救国图存。余改习法科欲以有所作为。"② 言语之间，总还是不离救国图存的志向。大学时，他除专攻所学外，还通过听学术报告、组织读书会等形式训练思维；又参加登山队、滑雪队、游泳队等，锻炼体魄。

在此期间，发生了一件对先生影响深远的事。1924 年，孙中山为召开国民会议谋求和平统一而启程北上，当年 11 月 21 日，孙中山乘上海丸号取道日本赴天津，途经日本神户时，胡恭先先生作为学生代表之一前去欢迎。在与学生的讲话中，孙中山郑重地提到统一团结的重要性："中国非团结统一，不足以图存，非联合世界上以平等待我之民族共同奋斗，不足以

---

① 胡恭先：《胡恭先自传》，载中国人民政治协商会议凉山彝族自治州委员会文史资料研究委员会《凉山彝族自治州文史资料选辑（第五辑）》，1987 年版，第 109 页。

② 胡恭先：《胡恭先自传》，载中国人民政治协商会议凉山彝族自治州委员会文史资料研究委员会《凉山彝族自治州文史资料选辑（第五辑）》，1987 年版，第 109 页。

抗拒帝国主义。"在此影响下，先生与好友尝试结合德国社会民主党的宗旨与中国实际，组织独立青年党，并联系国内同道在上海发行刊物《独立青年》，"本'国民自决'的精神，以'铲除国贼，恢复国权，确立民治，保障民生'……"①，主张彻底实现民主政治，反对专政。如果说此前参与学生政治运动是出于内心强烈的道义感召，那么与友人组织青年党、发行刊物，彰显的则是他的理性思考。

此时正值国内北伐，国民革命军解放南方长驱北上时，国共忽然分裂，致使北伐一时中断。1927年《独立青年》上海负责人何公敢、阮淑清等邀请在日成员回国商讨今后出处，先生到上海时，《独立青年》已然解散，不得已只好转道南京，得识后来的抗日名将陈铭枢，受邀在国民政府总政治部负责宣传工作。两人相处融洽，后来亦成为多年挚友。随后陈铭枢东渡日本就医，先生作为翻译同行，到日后继续攻读，以至毕业。

二、心系家国　投身教育

1928年，胡恭先先生自京都帝国大学毕业回国，等待他的却是一份意料之外的工作：好友林植夫本系海军陆战队政治部主任，但为营救被海盗掳去的兄弟林赤民，不得已请求先生暂时代理其职，先生自然允下。福州代职期间，先生一方面重视加强士兵的文化课程，另一面则宣讲声讨日军对华的种种罪行——

---

① 《独立青年宣言》，载《独立青年》1926年第1卷第1期。

显然，日军侵占济南，杀死派驻山东的外交特派员蔡公时等事，在他心中留下了不可磨灭的印象。短短三个月的时间，刚回国的先生在炎炎烈日下不辞辛劳地工作，几乎再现了当初在东京使馆前为国权摇旗呐喊、在上海街头奔走宣传救国的那种热忱。

三个月后，林植夫回部，胡恭先先生得知陈铭枢就任广东省主席，便启程前往广州。一开始，他的计划或许是投靠陈铭枢在政府就职，但到广州后，中山大学的好友一再推荐他到中山大学任教，负责比较宪法和刑法的课程。先生思来想去，最终婉言谢绝陈铭枢提出的兼任职务的建议，决心投身大学的科研与教育事业。

1928 年 10 月，先生正式担任国立中山大学法科教授；1932年，赴安徽大学任法学院院长一职。1933 年，军阀刘镇华接任安徽省主席，一登场便更换机关学校人员，"教育机关人员，毫无保障，学术科研，何能发展"[1]。先生遂于是年秋天受四川大学法学院之聘任宪法行政法教授，自 1935 年起兼任政治系主任[2]，

---

[1]　胡恭先：《胡恭先自传》，载中国人民政治协商会议凉山彝族自治州委员会文史资料研究委员会《凉山彝族自治州文史资料选辑（第五辑）》，1987 年版，第 112 页。

[2]　关于胡恭先赴川大任职的时间，根据其遗稿及《西昌市志·人物·人物传略》胡恭先词条，均为 1933 年；兼任政治系主任的时间，虽其遗稿记录为1933 年冬还乡探亲，正月十五得川大电讯返校，兼任政治系主任，即 1934 年，但《聘胡恭先先生继任政治系主任》（载《国立四川大学周刊》，1935 年第 3 卷第25 期）记载："法学院政治系主任，自尹伯端先生辞职后，向由法学院吴院长兼代，顷已由校聘定胡恭先先生继任，胡先生已于本月十八日到校。"

直到 1940 年前往西康省任临时参议会副议长①，十余年的大学教学科研生涯才宣告结束。任教期间，先生著有《比较宪法》《行政法总则分则》《中国行政法总则分则》《海商法》等著作②；与刘光华、何思敬、陶因、李超桓、朱显祯、薛礼光等教授组织《社会科学论丛》月刊，发表学术论文若干，涉及刑事政策、狱制改善、宪政组织、法学理论等多领域；同时密切关注时局，常在报刊上发表文章针砭时弊，涉及教育改进、战争时期的立法司法监察等诸多问题。

（一）系统介绍民约说

先生是近代中国少有的系统介绍民约说的学者。近代以来，无论是严肃的学术期刊还是通俗的报纸杂志，"立宪""民主""共和"等词都逐渐流行，成为全民族空前关注的重大问题。但相形之下，"民约"或"社会契约"等词汇却鲜有见诸纸上者。因此，先生所撰写的《民约说及其批评》系列文章，涉及民约理论的历史变迁、内容分析、价值批判（事实谬误与理论谬误）等内容，对梳理民国时期的民约论研究具有相当的价值。首先，先生总结了民约说的历史，将其变迁发展概括为三个时期：第一期为"政治论时代"，此时民约说为政治论之从属；第二期为"自然法时代"，该时期的民约说态度鲜明地

---

① 参见《法律系教授胡恭先辞聘离校任西康参议会副议长》，载《国立四川大学校刊》，1940 年第 8 卷第 18 期。
② 四川省西昌市志编纂委员会：《西昌市志》，四川人民出版社，1996 年版，第 1043 页。

以自然状态理论为前提，以民约为自然状态进至国家状态的关键；第三期为"论证时代"，发生变化的是论证思路，人们渐渐摈弃以自然状态为论证前提的做法，而代以理性、历史作为论证的角度。

然后，先生对民约说的基本内容框架进行了相对细致的梳理和分析。他认为民约无非两种：一是统治契约，二是社会契约。前者是统治者与被统治者之间的契约，所着眼者乃国家最高权力的归属问题；后者指社会创设及存在之合意，是自然状态进至社会国家阶段的必备条件。在强调君主权威的历史早期，论者常以君主之起源说明国家之起源，所以此时的民约多着重于统治契约；直到中世纪民权论勃兴，主张先有人民后有君主的声音逐渐成为主流，方形成统治契约与社会契约并重（即所谓复数原约论）的局面。他历数亚里士多德、霍布斯、普芬多夫、卢梭等人的学说，认为直到卢梭强烈排斥统治契约，大力倡导社会契约，康德亦紧随步伐之后，单数原约论才成为主流，通常所谓民约就仅指社会契约了。进一步地，先生尝试探讨民约产生的原因，认为单纯归于神意或论为人性的做法都不足为取，进而倡导一种诸多复杂条件作用的观念：人的自我意识发展是主要原因，而人性论、民权论、封建制及信的德义之发达为直接原因。

在对民约说进行系统梳理后，先生针锋相对地提出了批判：民约论的问题，一是事实有谬误，二是论理有疏漏。在事实的一面，民约论者面临的质疑往往是：自然状态、社会契约

127

在历史上究竟是否存在？这种说法毕竟过于虚幻，严谨的学者必须追问民约论者的回答。对此，有两种截然不同的回答：一种认为原约的事实存在——以洛克为代表的学者认为社会契约的订立在历史上确有其事，只是年代久远不可考证而已；另一种则以原约的存在为论理的必要，譬如康德指出原约是用来讨论人民组织国家的一种观念，依此观念组织起来的国家方存在正当的基础。先生认为，这两种回答却恰恰说明了自然状态只是一种空中楼阁式的想象，纯属子虚乌有，契约理论的实质是对历史事实的极大蔑视。

而民约论的论理又存在三大问题。在先生看来，第一，部分学者对自然状态的假设否认了契约产生的可能。契约观念根基在于"信义的社会的德义"，当一方有遵守的意思，对方却不能遵守时，契约就不能成其为契约了。而在人人都是豺狼，相互欺诈掠夺的自然状态中，所发生的只可能是"履行意思之偶然的并存耳"，怎么能奢望他们基于"以亲爱信义为本的契约"，一跃进入国家状态呢？第二，契约实为社会之结果，而民约论倒果为因，以契约为社会之原因。在此，他引用了休谟的论证，指出契约要想存在，必须要有保障契约实现的强大力量，即契约二字已然预定了社会这一前提；而按照民约说的假定，在订立契约之前，国家政权及法律等诸种强制力量均未存在，契约便当然没有存在的可能。批判的第三点，则针对契约的约束力继承而言。独立自主之个人基于自己真实意思的承诺而订立契约，而受到该社会契约的约束，自属当然。但问题在于，契约的效力如何及于缔结原约者的后裔呢？子孙未经承诺，何以成为国家的成员、君主的臣仆？国家又何以不因原约当事人全员死亡而解散？民约论者的回答是：后裔以居住于该国等方式，表达对契约的默诺，所以契约对他仍当有效。但这是一个众说纷纭的问题，先生并不认为这种辩护具有当然的说服力。①

（二）分离命题的历史成因与未来趋势

在民约理论、宪政理论之外，先生也同时表现出对分析法学派重要命题的密切关注，这种重视的态度并非毫无由来。起初，分析法学于清末民初传入中国时，只是出于国人引进先进方法论，弥补中国传统文化不足的自觉。严复最早介绍西方的科学方法，并主张将科学方法应用于社科研究之中；梁启超则更进一步，明确指出要以科学方法改良中国之法律，并在翻译日本学者《法学通论》的文章时初步介绍了分析法学。这些尝试虽然浅尝辄止，却为之后开展进一步研究奠定了基础。五四运动之后，随着国内移植西方法律的实践未达预期效果，时人试图对制度背后的深层次原因进行反思，而分析法学作为重要的法学思想自然成为人们的研究对象②——先生的《法律与道德分化之由来及其趋势》一文正是在这样的背景下酝酿产生的。他所着眼的并非纯然的理论问题——法应否、能否与道德

---

① 参见胡恭先《民约说及其批评》系列论文，载《社会科学论丛》1929年第1卷第3期—第6期。

② 参见陈锐：《隔阂与落寞：分析法学在近代中国的传播及其命运》，载《政法论坛》2009年第1期。

分离——而是基于历史的眼光，深入探讨分析法学派分离命题的产生原因和历史背景，并对法与道德关系的未来趋势做出参考式的预言。

先生认为，历史上迄至中世纪之法，都没有与宗教、道德分离，是一种合三者为一体的规范。但这种尚未分化的规范与原始规范有区别，后者系自发地发挥社会统制的作用，前者却体现了社会有意的规制，"是故所谓法之发现，系由于社会中无意识的社会习惯而成，宗教道德法律三者未分化，乃获得社会意识，有意的统制，于是乎应运而行"。也正因如此，中世纪的法体现出新的特点：虽然仍与宗教、道德混同，但终究已入分化之状态，欠缺的只是催化剂的刺激。

那么，在一系列新的历史社会条件的作用下，法与道德走向分离也就不足为怪了。物质条件的一面，在于货币交换经济兴起，交通逐渐发达；精神观念的一面，在于文艺复兴高扬人性，宗教改革破除了诸如教会、帝国、领主、家长等外在大小权威的桎梏，转而赋予个人的良心以权威，概而言之即个人的觉醒，而个人主义又是催生自由主义的土壤。以上物质精神条件的综合作用，直接推动了近代民族国家之崛起——"结成较大的共同社会之民族"，以及自由主义之勃兴，宗教、道德与世俗的法律开始出现分野，终至于这般境况："入于此时代之法，举凡教宗的道德的权威的命令的，均未存在，遂至明确发挥法律自体之本质与其特有之目的。吾人从社会进化论及法律进化论上言之，可得谓法由宗教及道德而分化。"

但先生的思考不止于此，在探讨法与道德在历史上的分合后，他显然更关注当前和未来法与道德的合离状况。情况毕竟又变化了，全然个人主义的、自由主义的时代已经过去，当前的新趋势是法律之社会化，这点胡恭先先生并不否认，但他绝不同意以社会化为由认为法与道德会再次接近的论调。在他看来，有两个相互关联的重要因素是不得不考虑的：其一是法将愈发作为社会统制的工具而存在，即所谓"法的用具化"；其二是国家职能正在并将继续发生变化，除了基本的治安维持，更要在经济、文化等方面承担责任。而在国家新职能的发挥过程中，在国家组织关系的规范化趋势里，一种非道德的、技术的倾向会显露无遗，因此法与道德的分化在所难免。① 有学者在梳理分析法学在近代中国的命运时评价说："胡恭先对法律与道德分离的原因分析得非常透彻，这正是分析法学分离法律与道德的背景性因素。而今天的很多学者很少探究这一点，他们只是一味地批判法律与道德的分离理论，由于对于分析法学派提出'分离理论'的历史背景了解得不透彻，因此，这些批判大多流于一般。"②

（三）抗战中的摇旗呐喊声

先生初到广州，谢绝陈铭枢兼任职务的建议，是出于这样

---

① 参见胡恭先：《法与道德分化之由来及其趋势》，载《安徽大学月刊》1933年第4期、1934年第7期。

② 陈锐：《隔阂与落寞：分析法学在近代中国的传播及其命运》，载《政法论坛》2009年第1期。

的考虑："余想在政治上工作风险大，不如从事教育，温故知新，如有所得，以惠莘莘学子，亦报效国家之道。"①再看他后来勤奋笔耕，发表论文的模样，俨然一副要和政治划清界限，专心学术和教育的姿态了。

但实际上，他从来没能做出完全的斩断。陈铭枢任职广东省主席以后，何公敢、林植夫等受邀来粤，均入幕府。陈铭枢不时邀请先生坐谈政事，发表对政策、法案、部队、党僚的种种看法。如果这是好友之约，自然难以推辞，事情的另一面却是：近代的种种时局也不能给中国人提供安心治学的环境。胡恭先先生在安徽大学任教时，就有老师提醒他与朋友间的往来信件受过国民党特务的检查，幸而先生在信中表达了不参与政治的态度，否则恐受到难以意料的危险；兼之日军侵略中国，北方各省不守，上海、南京等地相继沦陷，稍有良知和理智的人又怎能不忧心于国家的命运呢？先生致函好友林植夫时就明确表示："有怀投笔，请缨无路。"他甚至一度打算投奔新四军，到第一线去英勇奋战，但因未能安顿好眷属，只好作罢。日军侵占武汉后，气焰愈发嚣张，时常入川狂轰滥炸，川大因之不得不迁到峨眉躲避战火，这更是先生所亲历的。事已至此，在讲台上若无其事地授课无异于自欺欺人，他开始在报刊上发表一系列时评文章，为抗战救国做起没有硝烟的宣传

---

①　胡恭先：《胡恭先自传》，载中国人民政治协商会议凉山彝族自治州委员会文史资料研究委员会《凉山彝族自治州文史资料选辑（第五辑）》，1987年，第111页。

第五章　胡恭先先生评传

工作。

　　1938 年，胡恭先先生发表《关于改进教育的几点意见》一文。粗浅翻看目次，作者是在讨论当前教育存在的七大问题，包括教育内容的缺陷、教育与考试的矛盾、大学课程的零乱、各级学校的无联络、停止文法学生贷费的错误、教职员地位的无保障、过去遣派留学生办法的不当——但读者稍一细读，即能发现他希望匡正教育以救时弊的良苦用心。如前言部分即开宗明义："……回想过去的种种失败，我人认为基因于教育上的缺陷者，居其过半。前车已覆，后车当鉴，而现在的教育，仍然照旧进行，大有抗战与教育无关的样子，勿怪一般青年学子忍耐不着，离开其母校而向某方去求抗战的教育。"

　　显然，立论基点是落在抗战救国上的。譬如论及教育内容的缺陷，先生认为，教育在培养智识的同时，也必须并重爱国立身之道的传授，尤其考虑到近代中国的历史，从清末帝国主义轰开国门，到近前日本的侵略战争，足以让国人明白"为救亡图存计，改进教育，实有迫不容缓之势"。为此，他提出救亡教育有两点大要：一是以发扬我国固有的文化为经，二是以讲求外来的科学为纬，"我人欲图抗战建国，就要发扬我民族固有的精神"。再如批评大学课程零乱，先生提出的救治之方是酌量增加与抗战有关的课程。他提到，卢沟桥事变之后，所谓主张全国抗战教育者，要么缺失具体的主张，要么有主张而

133

仅止步于抗战方面。① 实际上，教育应当兼顾抗战与建国，对于建国所需的各种学科，尤应竭力提倡。

到他 1938 年发表《精神教育与抗战前途》，更是从文章题目就能看出他对时局的忧心了。固然，抗战局势紧张，民族存亡之危当前，应当集中人力物力财力以求战争之胜利，但目力所及，卖国求荣的傀儡汉奸、贪污渎职的腐败官吏有增无减亦是需要正视的事实。要改造这些"毫无民族国家观念的人们""意志薄弱自暴自弃的人们"，非加强教育不可为。但仅止于此是不够的，以往数十年何尝没有力办教育，但所培育出的却多趋重功利、寡廉鲜耻之辈。先生认为，过去教育失败的症结，在于教育宗旨支离，忽略精神上的培养，要矫正此弊，必须提倡精神教育。当时的临时全国代表大会宣言也曾指出："晚近以来，持急功近利之见者，往往以道德之修养，视为迂谈，殊不知抗战期间所最要者，莫过于提高国民之精神。"对精神教育的看重，并不是先生的一家之言。

而论及精神教育的方案，则重在两端：一是人格教育，二是爱国教育。人格教育的目标，是培养出"知礼守法，明耻立信，为公忘私，见义勇为"的模范国民；而爱国教育并非提倡狭隘的国家主义，而是以对外求独立、对内求平等为主旨，追求中华民族的生存解放，为世界正义和平的实现贡献力量。再

---

① 参见胡恭先：《关于改进教育的几点意见》，载《新新新闻每旬增刊》1938 年第 6 期。

论教育的实施问题，不能仅谈学校教育，而要学校教育、社会教育、家庭教育并重，整个国家社会都秉持一定的教育宗旨并努力不懈，才能为抗战和建国持续不断地输送兼具专业技能和坚定精神的人才。①

　　如果说，对教育的评述是先生作为大学教师的肺腑之言，那《抗战时期的立法和司法》《在抗战期中监察院应该严厉执行察纠的职权》等文，则是他以法学研究者的身份做出的建议。"在抗战期中国家的种种设施和机构，要以能够负得起抗战的使命为前提"，以此标准考察现时法之运行，先生显然并不满意：循序照常地制定执行法律、温吞吞地审查适用，已不能满足战时的要求。为此，先生建议立法院广纳贤才，并着手起草《国家总动员法》，盖因现有的单行法规中，无动员之名而有动员之实者已众，不如制定总动员法对人力物力的统制集中做出详尽规定，以方便实施，回应时局。同时，对司法提出四点改进意见：一是健全机构以缓解三级三审制下法院的审判负担；二是倡议合理地推行速审，凡是与抗战有关的案件，尤其是刑事案件，应从速审理，在战区内不能执行判决的案件则可从缓（这一建议也是就注重效率、处理积案做出的考虑）；三是要求检察官切实履责；四是建议司法院历行考绩。毕竟，现实中的法总是因时制宜的，所以当前应考虑的是"如何制定

---

　　①　参见胡恭先：《精神教育与抗战前途》，载《新新新闻每旬增刊》1939 年第 21 期。

民族国家所需要的法律，才可以增加抗战的力量；应如何严厉的执行法律，方使奸顽无所逃遁"[①]。

一个明显的事实是，先生从来不是两耳不闻窗外事的老实书生，"我以我血荐轩辕"的爱国文人形象才是对他更恰如其分的描摹。他曾提到国民政府收回裁判权的努力，强调他国所攻讦的中国法制不完备之处确有其事，而这恰好又给帝国主义以口实："……帝国主义者，以我为次殖民地，在我国行使其变态之法律，而其借口则曰：中国法制之不完善，监狱状况之腐败，撤废之议，尚非其时"[②]，讨论中表现出相当清醒的认识；甚至，哪怕在写作《中国近代名画家马骀传略》这样的文章时，提及马骀恩师周镜塘，除例行介绍他在绘画上的高超境界外，也忍不住赞扬周镜塘是一位具有民主革命思想的先进人物，是西昌最早响应辛亥革命的知识分子。

他对国家命运的关注是始终如一的，所以 1940 年就任西康省临时参议会副议长的机会摆在眼前时，他辞去大学职位前往西康，决心为国家民族做出切实贡献。

三、远赴西康　锐意边事

1940 年，胡恭先先生到达西康，甫一上任便马不停蹄地开始了一连串的工作。他重视乐西公路调集各县民工的问题，并

---

① 胡恭先：《抗战时期的立法和司法》，载《新新新闻每旬增刊》1938 年第 14 期。

② 胡恭先：《狱制改善论》，载《社会科学论丛》1930 年第 2 卷第 7 期。

相当关注康区的乌拉差徭制度。所谓乌拉差徭，是向当地人征派的人力差和畜力差。民国时期，受国民党治下的通货膨胀影响，乌拉一度接近无偿；兼之部分官僚为牟取利益，常在乌拉征收上贪赃枉法，民众常常苦不堪言。[①] 针对这种情况，先生提案废止康区的乌拉差徭制度，希望能减轻民众负担，澄清吏治。

除此之外，西康赴任之前，曾有上级指示说："议会必须洞察民瘼博采胹知，惟有亲赴各县考察，才能作为建议施政的标准。"先生上任不久，就被推举为西康省临时参议会县政考察团团长。西康省当时分作宁、雅、康三区，先生于 1941 年春末准备就绪后，便跋山涉水，开始宁属各县的考察之旅。

考察伊始，途经康属泸定、雅属汉源、宁属越嶲（今作越西）、冕宁各县，与当地人士举行座谈会，商讨记录地方兴革事宜，并宣传抗日救国的宗旨；再到德昌，视察西祥公路的修建，访问民间疾苦，鼓舞民众共克时艰的斗志；再而与参议员陈士林冒暑犯险，取道百灵山区向盐边进发——这条人烟稀少的路线给先生带来了本次考察中最为危险的经历，既有恶水阻道，地理不便，又有土匪猛兽，不时来犯，"余……几频于死，仍未隳志"[②]。后续路上，凡遇重要乡镇无不停留座谈，了解

---

① 参见孙林：《康区乌拉制》，载《西南民族学院学报（哲学社会科学版）》1981 年第 2 期。

② 胡恭先：《胡恭先自传》，载中国人民政治协商会议凉山彝族自治州委员会文史资料研究委员会《凉山彝族自治州文史资料选辑（第五辑）》，1987 年版，第 113 页。

情况。抵达西昌后，更是深入各机关、单位、学校听取意见，搜集材料。

一路下来，路途困难事小，真正触目惊心的是：土豪劣绅横行无忌危害民众；官吏贪污渎职，禁政废弛；组织修路却令民工死亡……所见种种不公不义之事，先生都一一写进报告交予省主席刘文辉，且受到认真对待，一批污吏因被撤换。1941年参议会议长谭其茳身故，先生接任议长，深感责任重大，"参议会设立于民族存亡之秋，为了配合前方抗战的需要，必须使后方安定团结"①。他不贪污受贿，不怕死畏难，历任四届议长，受到同僚与民众的赞许。各县参议会和省参议会感其为人公正廉明，联名送予对联一副，曰："千山万水，去恶锄凶；一肩行李，两袖清风。"②

可以说，先生在西康展现出的果断务实的处事风格、不畏万难的顽强作风、廉洁奉公的高洁精神，在当初参加学生运动、回国担任教职的经历里，早已初现端倪。但从政终究是更加复杂的活动，在这个欲望与利益交织的环境中，先生必须如履薄冰地处理或明或暗的钩心斗角，在奋不顾身与保身利民之间取得微妙的平衡。而在他的这段政治生涯中，情况最复杂、

---

① 胡恭先：《胡恭先自传》，载中国人民政治协商会议凉山彝族自治州委员会文史资料研究委员会《凉山彝族自治州文史资料选辑（第五辑）》，1987年版，第113页。

② 四川省西昌市志编纂委员会：《西昌市志》，四川人民出版社，1996年版，第1043页。

第五章 胡恭先先生评传

牵涉最广泛、影响最重大的，当属雅属事件。

所谓雅属事件，是指 1945 年末西康省发生荥经事件，扩而波及芦山、天全等县的官民武装冲突，直至 1947 年 3 月 1 日召开雅属行政检讨会议出台补救措施后，事态才逐渐平息。对此，为政者称之为匪乱，省外舆论呼以民变，当事者则以抗暴起义自诩，因发生在雅属地区，所以统称"雅属事件"。审视雅属事件的产生发酵，既离不开当局的处理失当，也能发现别有用心者的煽风点火，它既是一次官民冲突事件，也成为幕后政治斗争的砝码。

1945 年秋，西康省主席刘文辉到重庆参加还都会议，其时西康旅渝同乡会亦约集旅渝同乡开会欢迎。气氛本该是和睦融洽的，但欢迎会中，赵锡麟、姜国光等人突然当面指责刘文辉违反禁政，在省内种植鸦片、抽收烟金、四处贩毒、危害人民，言辞激烈，使刘文辉十分尴尬。会长劝阻无效，最后会议不欢而散。

这种指责确非无据可循，甚至刘文辉自己后来也公开承认："一九三三年退守荒僻的西康，成了一个破落户，财政陷入极度困难，加之蒋介石又唆使刘湘在政治上给我制造了许多乱子，弄得我终日焦头烂额，无法应付；有一个时期，在无可如何之中，竟至从鸦片中去增加收入。这种饮鸩止渴的办法，曾经引起国内舆论的非议。"[1] 返康之后，刘文辉决心要雷厉

---

① 刘文辉：《走到人民阵营的历史道路》，生活·读书·新知三联书店，1979 年版，第 3 页。

风行实行禁烟，实施起来却出现错漏之处。铲烟的第一站是荥经，但前去执行的保安队偾事失职，阴差阳错之下竟与当地民众发生火力冲突，最后激起民变，民众相率逃亡山间者有数千人。

胡恭先先生途经雅安时，得县参政议会议长告知，方才了解荥经事件；到成都后，又有康籍军官陈述情形。先生皆以善词安抚，然后多次与刘文辉面谈商榷，陈说利害，建议对方迅速召回流亡，以免滋生事端，但刘文辉不以为意，未予答复，"刘文辉把形势估计不足，就是我也没有想到以后的事态会那样恶化"①。

火上浇油的是张笃伦（字伯常）射来的暗箭。此君是重庆市市长，觊觎西康省主席之位，暗使手段。一是派人赴京招待记者，大肆攻击刘文辉，引起舆论对西康事态的关注；二是暗度陈仓，派中央通讯社成都分社社长段公爽游说先生合作，表示"张伯常已经内定为西康省的省主席"。先生既惊且愤，严词拒绝，并电报蒋介石反对张笃伦主康，得到对方否认此事的表态。但张笃伦并不甘心，令特务到雅属天全、芦山、宝兴等县煽动变乱。② 荥经、天全、芦山等县相继失陷，舆论顿时一

----

① 胡恭先：《雅属行政检讨会议的回忆》，载中国人民政治协商会议四川省雅安市委员会文史资料研究委员会《雅安文史资料选辑 第3辑》（内部发行），1986年，第3页。

② 参见胡恭先：《张笃伦在西昌行辕》，载中国人民政治协商会议四川省委员会、四川省省志编辑委员会《四川文史资料选辑 第12辑》（内部发行），1964年，第157—158页。

派哗然，美国《弥勒氏评论报》甚至把雅属事件称作第二次鸦片战争。此时是 1946 年 12 月下旬，形势已相当险恶，内外瞩目。

事已至此，刘文辉于 1947 年 1 月来蓉与先生商讨处理措施，先生强调必须安定川康以顺应大局，安排能者出面调解，以免地方生乱。随后，刘文辉欲召开雅属行政会议，先生以自己是民意代表，不便参与行政会议为由推辞，后会议改名为雅属行政检讨会议，先生才前去商讨。与会者除雅属各县参议会议长外，又有名流士绅和军政官员共三四百人。刘文辉在开幕闭幕时出席，承认措施失当，负咎自责，愿意改正，语词间颇为沉痛。为期五天的开会过程中，多由先生主持其事：白天开会，夜里与众人交换意见，有时还须参加宴会，但他并不抱怨，反而乐在其中，自称"虽然繁忙，到也快慰"①，前后劳碌用力，事变始平。

四、青山犹在　白首不移

1948 年春，胡恭先先生出席在蓉召开的川、康、渝民意代表联谊会，讨论的问题简单而重大：蒋介石为实行独裁挑起内战后，步步败退，解放之势声威浩然，那么，以后的出路该如何抉择？

---

　　① 胡恭先：《胡恭先自传》，载中国人民政治协商会议凉山彝族自治州委员会文史资料研究委员会《凉山彝族自治州文史资料选辑（第五辑）》，1987 年版，第 115 页。

其实对先生而言，做出正确的选择并不困难。早在 1946 年赴渝参加全国教育会议时，他从旧友陈铭枢口中得知国内各民主党派要求实施宪政、反对内战、支持和平的愿望，对此便十分赞同。两人多次密谈，甚至引起特务的注意，被用飞机送回成都——"余久居山陬，未明局势，自渝返蓉，已有所抉择"[①]；西康工作期间，曾有西昌行辕侦缉中共地下党员一事，先生巧为解释，对部分党员的侦缉工作因此停止，而西康同乡卢邦本等人被特务捕获即将处决时，也经先生营救获得保释；1948 年出席立法院预备会议，先生心思敏锐地听取各方情况，"审知国民党政府是集贪污腐化，无能的大成，大厦倾圮，是迟早间事"[②]；川、康、渝民意代表联谊会后，先生等代表四人向国民党政府推举熊克武或刘文辉主川，意图借此争取和平解放，却未得结果，更知"国民党政权已是日暮途穷"[③]。

抉择早已做出，局势也渐明朗。1949 年底成都解放前夕，立法院派秘书催促先生随去台湾，先生拒而不见。1950 年，人民解放军派干部登门拜访，邀请他参加解放西昌工作，先生

---

① 胡恭先：《胡恭先自传》，载中国人民政治协商会议凉山彝族自治州委员会文史资料研究委员会《凉山彝族自治州文史资料选辑（第五辑）》，1987 年版，第 114 页。

② 胡恭先：《胡恭先自传》，载中国人民政治协商会议凉山彝族自治州委员会文史资料研究委员会《凉山彝族自治州文史资料选辑（第五辑）》，1987 年版，第 116 页。

③ 胡恭先：《胡恭先自传》，载中国人民政治协商会议凉山彝族自治州委员会文史资料研究委员会《凉山彝族自治州文史资料选辑（第五辑）》，1987 年版，第 117 页。

因病不能如愿，命女儿、女婿随军入康。①

新中国成立后，胡恭先先生历任四川省政协第一至五届委员，法制组成员，民革四川省委员会顾问，四川省人民政府文史馆研究员，四川省少数民族地区经济建设服务中心顾问等职。1986 年 9 月病故于成都，享年 87 岁。

四川省政协发出讣告高度赞扬他的一生："胡恭先同志在学生时代，即追求进步，热爱祖国"；"担任西康省参议长以后，还用自己的身份和影响，积极宣传抗日"；"解放战争期间，他反对蒋介石的倒行逆施，积极参予民主进步活动，营救革命工作人员"；"全国解放后，胡恭先同志……工作勤勤恳恳，任劳任怨"；"过去在'左'的错误影响下，胡恭先同志曾遭到不公正的待遇，受到委屈，但他不计个人得失……年迈有病，仍关心国家的大事，关心祖国的统一"。

那么，这个老人又如何看待自己呢？在他的遗稿中，当初为抗战摇旗呐喊的热情，在西康奔走犯险的执着，支持民主进步的大义，都跃然纸上，毫无疑问是他人生中浓墨重彩的数笔。但或许在内心深处，他记忆最为深刻的反而是年少求学、大学任教的经历——他如此写道："余本是学术研究，从事教育的人。"②

---

① 四川省西昌市志编纂委员会：《西昌市志》，四川人民出版社，1996 年版，第 1043 页。

② 胡恭先：《胡恭先自传》，载中国人民政治协商会议凉山彝族自治州委员会文史资料研究委员会《凉山彝族自治州文史资料选辑（第五辑）》，1987 年版，第 118 页。

第六章　黄肇炯先生评传

黄肇炯先生，江苏嘉定人，1934 年出生，著名国际刑法学家，四川大学法学院教授。

一、辗转三省　颠沛飘零

1934 年，黄肇炯出生在江苏嘉定乡下一户普通人家中。这家世世代代都是农民[①]，与他后来在川大的许多寮友不同，在那个战火纷飞的年代，并不富裕的家庭没能为他撑起一片治学的小小天地。在他出生仅仅三年后的 1937 年，预感到愈来愈严峻的局势，这个家的成员们为了躲避战火，如夏日流萤般四散逃难。他被父母拉扯着，离开了自己还不甚熟悉的故乡与亲人。

一家三口不断向西行去，1939 年，抵达了四川省第三行政督察区下辖的合川县[②]。黄肇炯的父亲黄承祚进入了位于合

---

① 世代务农系先生自己的说法，根据中国共产党上海市嘉定县马陆人民公社开具的情况说明，黄家自清朝末期就在上海开设医院，家境较为殷实。见《关于黄肇炯情况了解》,《黄肇炯职工档案》，现藏于四川大学档案馆。

② 即今重庆市合川区。

川县的国民党管辖下的第九陆军医院工作。同年，其母颜幼琛亦入职此医院，自此，这个小家庭才算暂时安定了下来。

　　家庭的安定并没有结束黄肇炯先生的飘零状态。1940 年，出于工作的原因，黄承祚前往昆明，并特意带上了当时年仅 6 岁的他。在昆明，黄肇炯先生开始了他的求学生涯。不过两人在昆明还未停留满一年，1941 年，黄承祚升任中尉军医，调回合川县第九陆军医院①，黄肇炯亦转学回到合川县，在一所乡下中学读书。在乡下念了一年半后，1943 年，第九陆军医院解散，黄承祚转入豫丰纱厂工作，而母亲就此失业。② 黄肇炯依惯例应转入豫丰纱厂子弟小学，可当他从原小学办理退学后，豫丰纱厂子弟小学却拒绝于当年接受黄肇炯。直到 1944 年夏至，黄肇炯才被允许进入学校进行五年级上期的课程学习。

---

　　①　对于黄承祚为何去往昆明，又如何在一年内从一个普通医生升任为中尉军官并调回合川县，并无资料对此明确解释。但在 1954 年黄肇炯被选派苏联留学前，北京市委对其进行政治审查时曾提举报，其父黄承祚 1940 年前往昆明，并于 1941 年在昆明秘密加入国民党，但无实质性证据，北京市委亦未采信此举报，仍对黄肇炯做出"未表现有政治问题"的审查结果。见《市委审查意见》，载《黄肇炯教职工档案》，现藏于四川大学档案馆。亦有材料表明，黄承祚 1940 年于合川县已经加入国民党，1941 年去往昆明二次加入国民党。见《中央人事部审查意见》，载《黄肇炯教职工档案》，现藏于四川大学档案馆。但绝大部分政治审查中都采信黄承祚于 1943 年在合川县同颜幼琛一起集体加入国民党。

　　②　关于第九陆军医院解散时间以及黄承祚转入豫丰纱厂、颜幼琛失业的时间，在黄肇炯的自传和申请入团材料中，记载为 1943 年。然而其前往苏联留学前北京市委对其开具的政治背景审查材料中载明，这几起事件应该发生在 1944 年。查阅《合川县志》以及《中国军事医学史》等材料，第九陆军医院解散时间大概在 1943 年底，政治背景审查材料中记载的可能是笔误。

　　在豫丰纱厂子弟小学学习两年后，1946 年，黄肇炯顺利毕业，升入合川县立中学上初中一年级。上学未满一年，其父黄承祚认为县立中学风气太差，又令其转学至重庆瑞山私立中学从头开始初中一年级的学习。但黄肇炯并不习惯瑞山私立中学的授课方式，初中一年级的结课考试中，成绩太差，又被迫重新读了初中一年级。直到 1949 年 12 月，合川解放，此时，黄肇炯仍未完成他的初中学业。新中国成立后，黄肇炯在 1950 年 7 月进入重庆清华中学学习，1953 年春，清华中学变成完全公立的重庆第九中学，高考在即的黄肇炯又经历了一场班级变更。

　　从江苏嘉定到四川合川，再到云南昆明，又到合川。在黄肇炯人生的前 19 年中，他颠沛三省，流离七校。战火让他与父母之外的亲人失去了联系；学校不断变更、几次被迫留级让他没有长期相伴的同窗。他在 1954 年于北京大学印地语系就读时所写的自传中，谈及自己的社会关系，"由于战争，亲友间失去联系了，直到解放后也没有什么书信……从初中一年级到现在七年半的时间，没有什么朋友……对父亲工作也没有什么了解"①。这段经历培养了黄肇炯先生坚韧的性格，让他在后续的人生风雨中坚挺不倒。

　　在这样漂泊的童年中，母亲的支持与爱护给予了他一丝难得的慰藉，先生亦深深地受到了母亲的影响。在自传中，先生

---

　　① 《黄肇炯职工档案》，现藏于四川大学档案馆。

写下了这样的话语："在家里，我比较喜欢我的母亲。从前小孩时，由于她爱我，所以我也爱她。这是主要的。此外，我性格比较软弱，而母亲的性格较强些，她是那种只要手上有工作就一定要把工作做好的人，父亲则是那种对什么事都不上心的人。"① 终其一生，他都坚持凡是自己该做的事，不论想不想，都要做好。

　　漂泊的童年似乎暗示着先生的人生注定与漂泊相伴，而对孤独的长时间忍受塑造了先生"板凳坐穿"的学人风格，从母亲身上领悟的道理则成了先生贯彻一生的信仰。自其 19 岁高中毕业前往北京大学求学后的 68 年，无论是在北京大学印地语系、苏联列宁格勒大学法律系、西南政法学院法律系，还是在四川师范学院外文系、四川大学法学院，他都尽最大的努力把手上的工作做到了最好。

二、留苏归国　廿载辛苦

　　随着中国革命的彻底胜利，中国共产党也逐步完成了由革命党向执政党的转变。这个新生的执政党一接手这个国家，就不得不面对历史遗留下来的满目疮痍——国内连年战争导致民生凋敝、百废待兴，生产力遭到了极大的破坏；国外以美国为首的西方阵营对中国实施封锁禁运，企图将新中国扼杀在摇篮里。

---

① 《黄肇炯职工档案》，现藏于四川大学档案馆。

　　面对内外交困的局面，彼时的国家领导人得出了这样的结论：面对如此的困局，"学习和运用苏联先进经验，是胜利完成我国各项建设任务的一个重要因素"①。然而，新中国的现代化建设和苏联模式存在着隐秘的离心：中国的人才储备与中国的近代化进程、学习苏联模式所需要的大量人才投入之间的离心，简单来说，即新中国在学习苏联的过程中存在极大的人才短缺问题。而早在 1949 年中共代表团访苏后，周恩来、宋庆龄等人即根据在苏联的所见所闻，向毛泽东提出了要建立苏联式专门学校的构想。这一构想的具体内容是希望由中国政府向苏联提出援助建校的申请，建立起一座设置有工业、贸易、银行业务、法学和教育等专业的苏联式大学。② 在国内外形势基本稳定下来后，1951 年，中共开始正式向苏联派遣留学生。

　　黄肇炯先生便是当时被选派去苏联的一名留学生。1954 年 3 月，他通过选拔，进入了当时的留苏预备校北京俄语学校二部进行语言和政治学习③。当时全国各地都掀起了留苏浪潮，然而，由于政务院于 1952 年 6 月 5 日下发的《派送出国

---

　　① 参见沈志华：《苏联专家在中国（1948—1960）》，新华出版社，2009 年版，第 122 页。

　　② 转引自白冰：《中国学生赴苏学习问题的历史考察（1951—1965）》，载《中共党史研究》2017 年第 12 期。

　　③ 黄肇炯先生 1953 年 9 月入学北京大学印地语系，被选拔时为大学一年级学生。在此时被选拔留苏是因为在 1953 年修改的留苏预备生选拔办法中，选拔范围为机关干部，高等院校的教授、副教授、助教及成绩优良的研究生以及大学一年级学生、高中毕业生。详情可参见周尚文、李鹏、郝宇青：《新中国初期"留苏潮"实录与思考》，华东师范大学出版社，2012 年版，第 41 页。

留学生暂行管理办法》中规定，选派留学生的方针是"严格审查，争取多派"①，所以许多学生在留苏预备校中进行了一年的俄语学习和政治学习后，仍因为语言成绩不合格或政治素养有待提高未能通过审查而不能出国或被要求暂缓出国。②

在一年的预备学习后，先生于 1955 年 7 月 24 日完成了在北京俄语学校二部的学习，并填写了学校的学员鉴定表。在表中他写道："在俄文学习上收获较大"，"在政治学习上，基本上能够对国际形势各方面有一个较为全面的了解"，"在生活方面，我能够比较开朗地，充满信心地生活，比较直爽，但在生活上也表现了比较资产阶级的自由主义"③。从后来发生的一系列事情上看，先生的这番自我评价是坦率而真诚的，而坦率和真诚正是他性格中最鲜明的部分。

他所在班级以及学校领导对他的自我鉴定意见都表示了同意。而在此之前，他已经于 1954 年 4 月 2 日、4 月 25 日、10 月 17 日、12 月 25 日四次参加了北京市委与中共中央人事部的政治审查。于是，在最终通过北京俄语学院二部的鉴定后，先生于 1955 年 9 月被派往苏联列宁格勒大学学习。

---

① 转引自李滔：《中华留学教育史录：1949 年以后》，高等教育出版社，2000 年版，第 115、231—233 页。

② 关于留俄预备学校中授课内容，七成以上为俄语讲授，三成为政治学习，具体可参见《1952—1959 年俄语教学计划》，北京外国语大学档案馆藏，档案号"俄院留（永久）B7－16"。政治审查不通过是当时预备留苏学生不能赴苏或暂缓赴苏的重要原因。参见白冰：《中国学生赴苏学习问题的历史考察（1951—1965)》，载《中共党史研究》2017 年第 12 期。

③ 《黄肇炯职工档案》，现藏于四川大学档案馆。

从 1953 年来到北京，到两年后匆匆离开北京飞往千里之外的列宁格勒，赴苏留学的黄肇炯先生，是北国风雪中的一棵紫草。就像他自己说的，他总能以乐观的心态去努力生活。当时派遣到苏联的留学生和接受留学生的院校之间经常出现专业不对口的情况。比如在 1952 年派出的 375 名留学生中就有 37 名被换了专业，"占留学生总数的 10％"①。当先生抵达列宁格勒大学时，他被告知将由法律系接收，而他本身是学印地语专业的，在此之前，对法学没有一点了解。

在第一学期的个人鉴定上，他写下"初来法律系，对于专业有意见，因此学习劲头小，不够上心"②。尽管如此，正如先生自小所相信的，只要接到手中的工作，就一定要把它做好，在第一个学期里，无论是政治课、语言课还是法学专业课，他都取得了 5 分的成绩。这对于当初苏联法律系的大学生来说是极为难得的。③

在列宁格勒大学的四年中，先生修习了 23 门课程，除政治经济学等课程为 4 分外，基本全部取得了 5 分的满分。法律

---

① 《留学生改换学校及学习科系登记表》（1952 年），教育部档案馆藏。

② 《中国留苏学生鉴定表（1955—1956 学年鉴定表）》，《黄肇炯职工档案》，现藏于四川大学档案馆。

③ 依当时苏联的法学教育体制，每三月为一期，每期期末开展一次考试。考试采取 5 分制，5 分为满分，3 分为合格。由于法学专业不仅涉及法学，还涉及大量政治学、历史学和外国语的学习，因此在当时的苏联，法律系的学生"考来考去只有百分之四十是合格的"，"某些学生即使掌握的知识实在不及格，也不能打不及格的分，得给个三分勉强通过"。具体参见杜渐：《新俄罗斯帝国》，朝阳出版社，1977 年版，第 103—113 页。

专业课外，先生的俄文成绩也十分优异，选修的拉丁文同样取得了 5 分的成绩。在法律系的四年时间里，先生已经从一个对法律无甚了解的外专业学生成长为一名"不再只满意表象，而是渴望深入研究"① 的法学人。同时，由于熟悉俄文和拉丁文，先生开始自觉地关注国际事件，并梳理其中的法律脉络，具有了极高的国际视野。在大学第三年的学年论文中，他以第二次世界大战后对法西斯国家战犯的审判为题，梳理了其背后的底层法律逻辑，取得了 5 分成绩，这也为他后来从事国际法刑法的研究奠定了坚实的基础。

尽管学业十分优秀，在苏联的四年时间里，先生还是受到了一次严厉的处分。作为法律系学生会主席，他不仅"与同志关系较好"，还"有不少关系较好的苏联朋友"②。这一行为本身是无可厚非的，然而，1958 年，共青团列宁格勒大学法律系支部认定其与苏联同学交往过密是"政治立场不稳定""在阶级同志之外的人身上寻找温暖"③，对他给予严重警告处分。

这次处分影响到了他回国后的发展。1960 年，先生完成学业回国后，经由国家科委的统一分配，以实习教师的身份被分配至西南政法学院工作。实习期满转正后的定职中，他被定

---

① 《中国留苏学生鉴定表（1958—1959 学年鉴定表）》，《黄肇炯教职工档案》，现藏于四川大学档案馆。

② 《黄肇炯职工档案》，现藏于四川大学档案馆。

③ 《共青团列宁格勒大学法律系支部对黄肇炯同志所犯错误及其处分的决定》，现藏于四川大学档案馆。

为助教职级。① 尽管他对这次定级"有些情绪",但"只要接到手的工作,就一定要做到好"的信念,支撑着他在助教的岗位上勤勤恳恳地工作,并受到组织上的认可。②

　　黄肇炯先生刚开始被分配到西南政法学院时,承担"国家与法"课程的教学,但在两年后,由于国际法教研室人手不足,加之他的留苏背景,先生被调去教授国际法。他参加工作的前四年,也是中国的国际法研究从蓬勃发展转向萎缩萧条的四年。国外环境的进一步恶化和国内法律虚无主义思潮的冒头,使国际法的教学与研究受到了严重的阻碍。在当时,"一些政法院校被停办;另一些政法院系的教学内容被压缩,或时断时续、濒于停顿。在国际法研究方面,这一阶段的国际法学者或者被迫停止专业研究工作,或者被送到农村从事体力劳动。此外,在 1961 年到 1978 年期间,报纸、杂志上看不到一篇国际法论文"③,国际法成了国内政法院校不愿触及的领域。

---

　　① 根据当时劳动部(61)中劳薪字第 10 号文件的规定,对于留苏学生回国后的定职,应比照其在苏联时可获得的定职。并且优待留苏学生,其完成两年的服务期转正定职时,一般可比国内同等学校毕业生高一级。依据上海外语教育出版社出版的《苏联高等教育文件选编》,对于完成本科学业的大学生定级为工程师一级,可担任工程师或讲师的职务,对照回国则应当定职级为科研十级讲师岗。但实际上黄肇炯回国后由于受过严重处分,被认定为符合劳动部规定中所说的品德并不比国内同等学校毕业生更优秀的例外情况,仅仅定职为科研十三级助教岗。
　　② 《黄肇炯职工档案》,现藏于四川大学档案馆。
　　③ 杨泽伟:《新中国国际法学 70 年:历程、贡献与发展方向》,载《中国法学》2019 年第 5 期。

第六章　黄肇炯先生评传

对于当时的黄肇炯先生来说，调去教国际法，无疑是接到了一个烫手山芋。他几乎承担起了西南政法学院国际法学的全部教学科研工作，先后负责教授国际法概论、国际公法学、苏维埃国家与法等课程，并着手编写《国际法概论》一书。

1973 年前，先生同其他教授一起，在西山坪劳改农场进行劳动改造。在西山坪的陋居中，他听着雨打芭蕉，写道：在困境中保持"洁身自好"①。先生开始埋头学问，以此度过看似无尽的劳动改造。可用的研究法律的材料日益难以获得，他索性钻研起了俄文，开始尝试翻译一些俄文文章，同时努力学习英语。由于大学时期的拉丁语学习经历，他很快掌握了与之相近的英语。除了学问上的寄托，家庭的温暖也给予了先生不小的抚慰。在这段岁月里，他结识了妻子高淑瑷，并先后生下一子一女。

西山坪物质条件的困苦并没有打倒先生，繁复的劳动之外，黄肇炯先生一直挂念着高等教育事业，期待着有一天能回到高校教师的岗位。1973 年，四川师范学院被批准恢复办学，开始招收工农兵学员，黄肇炯先生因为出色的俄语水平，被调入川师教授俄语。

在川师的十年中，先生将俄语教学和国际法思维相结合，把目光转向了"冷战"背景下苏东地区的国际政治局势和世界范围的恐怖主义抬头倾向，开始尝试翻译一些苏东国家的著作，对捷克作家鲍罗维奇卡的著作《刺客的枪声》的翻译工作

---

① 《黄肇炯入党志愿书》《黄肇炯教职工档案》，现藏于四川大学档案馆。

就是这一时期开始的。1977 年，先生曾就职的西南政法学院批准复校。八年后，在成都这片土地上，川大法律系亦批准恢复建系。在那之前，先生已经提前来到川大，为法律系的恢复建系做筹备工作。

三、砥砺拓荒　予明后芳

虽然已经在俄语教学中取得了一些成就，可对黄肇炯先生来说，法学事业是他最为挂心的事业。随着 1977 年西南政法学院批准复校，先生开始积极寻找重回法学教育岗位的机会。

80 年代初，已经隐隐传出些许四川大学法律系将恢复建系的消息，而四川师范学院开设法律课程却遥遥无期。为了自己热爱的法学事业，黄肇炯先生毅然决定，前往当时一穷二白的川大法律系任教。但是先生工作关系的调动并不顺利，因为从 80 年代开始，川师外文系承担了《苏联大百科全书》一部分的翻译工作，先生为主要的译者。翻译《苏联大百科全书》是一项既艰巨又重要的任务，川师自然不愿意让先生调往川大。

1983 年 12 月，先生保留在川师的工作关系，进入川大工作。彼时，他一边在校内担任辅导员的工作，开设了遵纪守法思政课程，一边作为法律系教学秘书，协助郭炳和教授、秦大雕教授、赵炳寿教授完成筹备恢复建系的工作①，同时还要继

---

① 《黄肇炯高校教师职务任职资格申请表》，《黄肇炯教职工档案》，现藏于四川大学档案馆。

续完成《苏联大百科全书》的翻译。到了 1984 年，四川大学法律系正式恢复，《苏联大百科全书》翻译工作业已完成，黄肇炯先生正式调入四川大学法律系。

在法律系最初的 23 名教师中，黄肇炯先生是唯一一个以国际法作为教学和研究方向的学者，几乎以一己之力撑起了整个法律系的国际法教育。同时，由于院内人手严重短缺，教研室只做简单划分，每个教研室的教师除了自己教研室的教学任务，还要帮其他教研室的教师开课。比如里赞教授，在当时要教授法理学、中国法制史、外国法制史、法律思想史等，而黄肇炯先生也在承担国际法教学任务外开设了法学概论、法学概论（理科选修）、宪法学等课程①。

先生就在这样堪称繁重的工作间隙，在这可称艰苦的环境中，为中国法学界尤其国际法、国际刑法学界的理论建设、人才培养，做出了巨大的贡献。

在川大的 15 年时间里，先生深入探讨了国际法的理论前沿问题，并尝试用中国立场为国际法实务问题提出解决方案；同时，他敢为人先，在一片混沌中摸索出一条中国独立研究国际刑法的道路，确立了国际刑法的一些基本理论。可以说在川大的 15 年，是先生从事法学教育的黄金期。

彼时，全国开设法律专业的高等院校只有周鲠生教授的

---

① 《黄肇炯高校教师职务任职资格申请表》，《黄肇炯教职工档案》，现藏于四川大学档案馆。

《国际法》(上、下册)这"唯一一部国际法教科书"①；全国国际法领域的学术刊物也只有《中国国际法年刊》这一本。周鲠生教授的《国际法》已经大致上阐述了国际法的性质、定义、基本原理和主要内容，并结合新中国国际法实践和国际法史加以解释。然而，受创作时代的影响，其中有些理论和实践事例具有明显的时代烙印，在 20 世纪 80 年代已然不合时宜；同时，国际局势的变化、新的国际条约公约的提出，也使得其中的内容需要依当前时代加以革新。最显著的两个问题是：第一，由于法律虚无主义的思潮，我国老一辈国际法学家不甚重视战时法研究，所谓的国际法实际上只包括平时法而不涵盖战时法；第二，对于海洋法，尤其是海底资源的开发，书中都只是笼统地概述。

面对这种情况，先生一边教授国际法课程，一边总结课程中遇到的问题，结合自己对国际政治的思考和梳理，于 1987 年，应全国高等教育自学考试指导委员的邀请，完成全国高等教育自学考试法律专业《国际法自学考试大纲》中战争法、和平解决冲突等三个章节的内容。

如今回过头来看，当初先生所撰写这三个章节，是对中国传统国际法研究体系的一次勇敢突破。彼时，国内国际法学界的普遍观点是，国际法即平时法，不应该包括战时法。这在很大程度上是因为"战争在战后国际法最重要的基础文件《联合

----

① 　陈体强：《国际法论文集》，法律出版社，1985 年版，第 266 页。

国宪章》（以下简称《宪章》）中遭到彻底否定"①。可以说，两次大战后世界局势将长期处于和平状态，用于约束战时行为的战时法失去了用武之地。而新中国成立初期法学教育倾向于培养实务性人才，法学教育解决现实问题的追求与战时法偏重法理架构的特点相抵触。

但黄肇炯先生认为，国际法是从战时法中诞生出来的，如果抛开战时法讲国际法，很难在人们心中真正建立起国际法体系，也难以厘清国际法的发展脉络。因此，在这些章节中，针对当时大学教材结构中战时法的空白现状，先生总结了国内外法学家对战时法的研究成果和前沿理论，论述了战时法的主体，引入了国际上达成共识的遵守国际法原则、区别对待原则等战时法的基本原则，并站在中国立场，提出了和平解决冲突的战争解决方法。② 这篇不到万字的文章，一定程度上弥补了高等院校法学教育中战时法教育的空白，明确了战时法的定义、性质和适用，是对当时国内外关于战时法的研究成果的总结概括。

黄肇炯先生还在国际海洋法领域做出了一些颇具前瞻性的研究。在 1990 年，先生在《现代法学》杂志发表了《未来国际海洋法的新问题》一文，在文章中，他提出了四个国际海洋

---

① 莫盛凯：《国际法向何处去？——国际法发展的六个法理进路》，载《国际论坛》2017 年第 1 期。

② 参见《全国高等教育自学考试法律专业：国际法自学考试大纲》，北京大学出版社，1987 年版。

法在实践过程中可能遇到的新问题，即填海造陆形成海上城市领土领海问题、人工珊瑚岛领海妨碍其他国家海洋活动的处理问题、沉船堵塞航道的责任归属问题、从南极洲向干旱地区运送冰山的国际法问题。①

除南极冰川运往非洲的问题外，这篇文章的三个问题至今仍是国际海洋法要解决的重要问题。正如西北政法大学的刘振江教授所说，"这些问题具有试探性质，远见卓识……因而能被中国人民大学《全国报刊复印资料》法律卷……全文转载，以便引起世界各国法律界的关注"②，并且"流传甚广，得到国际法学界的同行学者的推崇"③。

先生在国际法上的前瞻性，基于他自成一派地从国际政治事件中探求国际法原理的治学方式。在国际法的研究中，先生重视底层法律逻辑的架构，但不囿于理论思考，而是放眼实务。他时时关注着国际大事，并定期对最近国际上值得关注的事件进行梳理归纳和总结，这是他在列宁格勒大学便养成的好习惯。同时，他还把这种治学态度融入他的教学。

90年代国际局势风云变幻，他便每天整理总结最近发生的国际大事，拿到国际法课堂上与同学们一同分享。他的学生丁合先生回忆起当初的国际法课堂，仍觉得先生的教诲萦绕耳

---

① 原文见黄肇炯：《未来国际海洋法的新问题》，载《现代法学》1990年第5期。

② 《刘振江的专家鉴定意见》，《黄肇炯教职工档案》，现藏于四川大学档案馆。

③ 《周应德的专家鉴定意见》，《黄肇炯教职工档案》，现藏于四川大学档案馆。

边，"我还记得教授上课常说的，没有国际视野就学不好国际法，没有对国际政治的足够关注和认真思考就难有国际视野"①。1986 年，先生受四川省高等教育考试委员会委托，将授课时所举的国际政治时事案例、背后的政治对抗和国际法内容的梳理，加以归纳整合，编写了《国际政治概论》一书，并于当年由四川省社科院出版社出版。②

如果要论先生学术生涯中成果最为突出的，则是其在国际刑法领域的开拓性研究。

国际刑法作为国际法下的一个分支，当时在世界范围内都尚属萌芽，各国学者对此的研究都十分浅显，甚至一些基本的原理和定义都没有搞清楚。同时，国际法委员会对国际刑法法典的编纂工作得不到推进，因为"委员会编纂国际刑法试图遵循的程序是详审认为构成国际犯罪的违反国际制度公约、宣言、决议等等的行为，选择其中一些最为严重的行为，因为并不是所有的国际犯罪都会对国际和平与安全产生危害"③，两次世界大战后世界局势总体是处于和平状态，传统国际刑法意义上的重要罪名如侵略罪、战争罪等看似已经失去了生长的土

---

① 《与黄肇炯教授学生丁合第二次访谈纪要》，访谈人：何久源，访谈时间：2022 年 7 月 24 日。

② 《高校教师职务任职资格申请表》，《黄肇炯教职工档案》，现藏于四川大学档案馆。

③ Rupa Bhatachary. "Establishing a Rule of Law international Criminal Justice System", Symposium on Humanitarian Intervention and International Justice at *Texas International Law Journal*, 1996.

壤，而"对和平和安全产生危害"则难以判定。甚至国际上还有一些声音认为国际刑法并不需要单独列出一门学科，也不需要一部单独的国际刑法典。

然而，先生敏锐地察觉到，无论是国内还是国外，对"国际犯罪"的定义还囿于战争罪、侵略罪、海盗罪等传统意义上的国际犯罪。诚然，20世纪国际局势相对和平，这些传统意义上的国际犯罪日渐式微。然而"冷战"格局下，恐怖主义、极端民族主义、分裂主义等新型国际犯罪正走上历史舞台，一旦"冷战"格局被打破，这些新型国际犯罪必将如同火山喷火般爆发出来，给国际秩序以及现有国际法体系带来严重冲击。加之中国经历改革开放，在国际上扮演着愈发重要的地位，无论是出于抢占理论高地、发出中国声音的需求，还是应对可能到来的国际犯罪的新一轮爆发的现实需求，一系列在中国具有开创性的、同时领先或至少处于世界先列的国际刑法学的研究就显得十分必要了。

自1983年调到法学院以来，先生就开始着手编写一部国际刑法领域的著作。当时国内尚无这样一本对国际刑法全面、体系化论述的著作，国际上研究国际刑法的专家，比如M.谢里夫·巴西奥尼，当时已经完成的著作也都是零散地从一个片面切入的，至于他那一部著名的《国际刑法导论》也要等到20世纪末才能问世。

所谓"无所因而特创者难为功，有所本而求精者易为力"，在国内外均无同类著作可以借鉴，人力财力都较为困乏的情况下，先生呕心沥血，独自一人构架着国际刑法的体系。值得庆幸的是，他对俄文、英文的精通和对拉丁文的学习在此时给予他重大的帮助。他如饥似渴地阅读着苏联、美国、意大利等国学者所撰写的国际刑法论文，诸如前文提过的 M. 谢里夫·巴西奥尼，以及俄国国际法学家莉·佳林斯卡亚、法国国际法学家皮埃尔布札特、意大利法学家 N. 列维等人的论文。这些论文许多至今都未能翻译成中文，而先生则捧着这些晦涩的文献如获至宝，不分昼夜地钻研着。除了对国外文献的研读，先生还同高格、盛愉、魏家驹、刘亚平等一批国内有志于研究国际刑法的专家教授保持联系，互相交流学术观点。1992 年，黄肇炯先生的著作《国际刑法概论》正式出版。

黄肇炯先生所著《国际刑法概论》是中国第一部全面论述国际刑法的专著。全书共三编十四小章，洋洋洒洒二十五万字有余。具体可分为国际刑法的总则、国际刑法的实体法与国际刑法的程序法三个部分。

第一编是国际刑法导论，实际上便是国际法的总则部分。在这一编中，先生阐述了与国际刑法有关的一些基本问题，例如什么是国际刑法、国际刑法具有哪些特征、国际刑法的渊源有哪些、国际刑法的发展经历了哪些历程、国际刑法中存在的一些原则、什么叫作国际犯罪、国际犯罪的构成要件以及与之相伴随的国际形势刑事的承担。这些内容相当于国际刑法的总则部分，由于涉及国际刑法最底层、最基本的问题，因此论述了许多法学基本理论上的问题，同时存在大量的学术争论。先生在查阅大量材料后，对有关问题进行了言之有理、持之有据的论证。

第二编是国际刑法的实体法规范。在这一章节中，先生以相关国际条约为依据，以刑法学中犯罪构成理论为指导，对各项具体国际犯罪的构成进行了分析和论述，分别对奴隶罪、酷刑罪、海盗罪、空中劫持罪等 20 余种国际犯罪做了详细的阐述。其中既包括海盗罪这种在国际上达成普遍共识的传统国际犯罪，还有非法使用邮票罪、干扰海底电缆罪等当时出现的新罪名，具有较高的理论价值。

第三编是国际刑法的程序法规范。在这一编中，主要讨论了国际刑事司法和合作诸问题，以及国际刑警组织和联合国在同国际犯罪作斗争方面的作用等问题，并在最后一章专门论述了国际刑法与我国刑事立法的衔接问题。在这编里，先生提出了两个重要论断：针对司法实务领域，先生认为，我国应在刑事立法中确立对国际犯罪普遍管辖的原则①；针对国际刑法的研究，先生认为，国际刑法并非单纯的实体法，它具有实体法与程序法融合的特点。这样，就形成了一个具有内在逻辑性的较为完整的国际刑法学体系。

---

① 黄肇炯所著《国际刑法概论》完成之前，虽然 1987 年全国人大常委会颁布的《关于对中华人民共和国缔结或者参加的国际条约所规定的罪行行使刑事管辖权的决定》中暗含普遍管辖权的意味，但此时有效的《刑法》依旧是 1979 年颁布的《刑法》，其中并没有对国际犯罪普遍管辖的原则。普遍管辖权原则的明确要等到 1997 年修改《刑法》时通过立法途径在法律中得以确立。在当时看来，黄肇炯先生这一论断是大胆且前卫的。

同时，黄肇炯先生在这本书中，大量引用英文、俄文原典。从 1986 年到 1987 年，趁着被外派苏联进修的机会，先生搜集了大量苏联国内研究国际刑法的论文，这些论文中的大部分内容都被先生内化进了他的著作中。在《国际刑法概论》这本书的末尾，黄肇炯附上了当时国际法委员会编写的《国际刑法典》的草案原文。这些内容为中国的国际法研究者展示了世界另一侧面的学术研究现状和理论成果，对国内学者系统地了解国际法体系和跟踪国际法研究进展，是十分有益的。

当然，用现在的眼光来看，先生的《国际刑法概论》中存在一些不严谨之处，对于国际犯罪构成的分析有稍许疏漏，对于一些国际法的基本问题也存在解释不详尽、不清楚的地方。但正如著名法学家伍柳村教授对这本书的评价："国际刑法作为一门新兴学科……有大量亟待解决的理论和实践问题。我们不能期望在一本著作中对所有问题都能做出尽善尽美的回答……本书作者在一系列国际刑法的理论问题上作了探索……并在总结前人研究成果的基础上取得了新的进展……本书是目前国内较为全面系统论述国际刑法的论著。它的出版，在一定意义上填补了本学科的空白，具有开拓的性质。"①

在学术研究上，先生是位坚毅的拓荒人；在法学教育上，他则是一位和蔼的执灯人。在川大的 15 年时间里，先生以广博的知识、高尚的品格、春风化雨般的教学态度，教导出一众

① 参见黄肇炯：《国际刑法概论》，四川大学出版社，1992 年版，第 4 页。

优秀的弟子。

同川大的校训"海纳百川，有容乃大"一样，先生的课堂常常是讨论而非传授，在将基本原理解释清楚后，他总是鼓励同学们结合时事，各抒己见，并欢迎同学们在课上直接提出问题。有时在办公室探讨完，双方都还觉得不尽兴，同学们便一直跟着先生回到他在川大望江校区竹林村的住处继续研讨。

除了对日常学习的指导，他对学生的论文也十分上心。学生找他指导论文，他"从不敷衍，不怕占用休息时间"①。有许多学生受他影响，立志于国际刑法的研究，但在写毕业论文时，却发现国内可用的资料甚少，于是先生便"认真帮助学生收集一些资料和论据"②，还会帮着学生将外文资料翻译为汉语供其参考。

四、明月顾我　还照来人

1992 年，黄肇炯先生主持了国家教委"八五"重点科研项目"国际刑事司法协助研究"，1995 年，项目顺利结项。三年后的 1998 年，基于项目研究成果，先生完成了著作《国际刑法与国际刑事司法协助研究》，这部著作是对先生在国际刑法领域里钻研与探索的汇总。也是在这一年，黄肇炯先生正式

---

① 《与黄肇炯教授学生丁合第一次访谈纪要》，访谈人：何久源，访谈时间：2022 年 7 月 16 日。

② 《与黄肇炯教授学生丁合第一次访谈纪要》，访谈人：何久源，访谈时间：2022 年 7 月 16 日。

退休。

退休后的黄肇炯先生逐渐淡出了人们的视野。他不再过多参与法学界的各种学术交流会，不再出席法学界的各种活动，外人眼里，他是成都一个再普通不过的退休老人，如果非要说他有什么特别的地方，就是这位老人对国际局势异常关注。他如同古往今来大多数领域的开拓者那样，在未知的领域穷尽一生探索后，作为一个普通人安静地隐去。他们大多数没有什么惊人的成就，然而单单凭他们皓首穷经的一生，便足以在他们曾经奋斗过的领域中刻下深深的烙印。

1994 年，黄肇炯先生为四川大学专升本的同学开设国际法课程。第一节课，照惯例要粗略讲解一下国际法的定义、内涵，连带着要阐述学科的特点和学习方法。教授先从国内法讲起，然后是外国法，最后讲到了国际法。讲到中国法与外国法之间的差异时，黄肇炯教授提道："中国法重情，外国法重理，这在民法经济法领域体现得十分明显。"① 随后教授便开始谈论中国法重情的具体表现，谈论到《仁狱类编》，谈论到中国传统的民事审判中努力维护人与人之间的良好关系，继而聊到做人的宽容与善良，以及学问上的兼容并蓄。在这第一堂课中，黄肇炯先生不仅讲述了国际法的基本要义，更讲解了为人、为学人的基本要义。

---

① 《与黄肇炯教授学生丁合第三次访谈纪要》，访谈人：何久源，访谈时间：2022 年 7 月 26 日。

　　自 1937 年 3 岁的黄肇炯先生从家乡躲避战火开始，他的人生便走上了一条崎岖的道路：年少时躲避战火的恐惧、倥偬与孤独；留苏时专业被调换的无所适从与异国他乡的漂泊感；青年时因为莫须有的罪名而在一次次洪流中所受的冲击；调任川大后，又是百废待兴的狼藉景象；学术研究上，走上了当初混沌一片、道阻且长的国际法研究之路。这一切的一切，难堪称幸事。可他没有把这些视为不幸。即使路途困难，即使前方混沌，只要是自己接手的工作，他都要做好，这便是黄肇炯的态度先生。可谓：

　　半世漂泊命，一生求索心。纵有前路苦，合川亦潏潏。

　　十年东风意，回首满园春。明月若顾我，还照后来人。

附

编

附录一　国立四川大学时期
法学毕业论文目录（部分）

在四川大学图书馆的帮助下，本书从四川大学民国时期毕业论文数据库中选取了第十五届至十九届的法律系（含司法组）毕业论文，制成一览表附于此，从中可见当时四川大学法学学子撰写论文的大致情况。其中，第十五届（1946 年）56篇，第十六届（1947 年）76 篇，第十七届（1948 年）117 篇，第十八届（1949 年）170 篇，共 419 篇。由于部分论文信息不全，导致检索结果可能有遗漏，今后当伺机补齐。

序号	题名	学生	届别	系别	指导教师
1	现行法上养子女之研究	李清海	第十五届	法律系	罗世齐
2	法定离婚原因论	张先珩	第十五届	法律系	罗世齐
3	中国亲属法之瑕疵论	黄炳荣	第十五届	法律系	宋维经
4	契约法之研究	蒋明辉	第十五届	司法组	龙守荣
5	遗嘱论	谭大庸	第十五届	法律系	龙守荣
6	债务不履行论	龚灯名	第十五届	法律系	龙守荣
7	连带之债	孟愈	第十五届	司法组	龙守荣

续表

序号	题名	学生	届别	系别	指导教师
8	婚约与结婚	巫发偏	第十五届	司法组	罗世齐
9	中国制宪史	罗贞炯	第十五届	法律系	罗世齐
10	行为能力之研究	王怀镛	第十五届	法律系	罗世齐
11	中国司法制度之演进	聂汉荣	第十五届	法律系	罗世齐
12	劳动契约论	吴松静	第十五届	法律系	罗世齐
13	现行法上亲权之研究	周敬	第十五届	司法组	罗世齐
14	中华民国普通刑事立法之检讨	刘孝诚	第十五届	法律系	罗世齐
15	婚姻之成立论	徐延生	第十五届	法律系	罗世齐
16	中国监察权汛论	喻培望	第十五届	法律系	罗世齐
17	现行法上结婚无效与撤销之研究	江灼航	第十五届	司法组	罗世齐
18	婚约与结婚之研究	马长金	第十五届	法律系	罗世齐
19	妻妾论	廖荣震	第十五届	法律系	罗世齐
20	现代法律哲学论究	吴谨言	第十五届	法律系	罗世齐
21	犯罪未遂论	唐忠达	第十五届	法律系	罗世齐
22	离婚论	张文犀	第十五届	司法组	罗世齐
23	论婚姻问题与优生学	蔡大成	第十五届	法律系	罗世齐
24	中国女子继承问题之商榷	张达之	第十五届	法律系	罗世齐

续表

序号	题名	学生	届别	系别	指导教师
25	死刑存废论	王义光	第十五届	司法组	罗世齐
26	法人论	汪应升	第十五届	司法组	罗世齐
27	时效制度之研究	何德才	第十五届	法律系	裘千昌
28	变例婚姻之研究	张宗师	第十五届	司法组	裘千昌
29	民法遗产继承人之研究	陶谦龄	第十五届	司法组	宋维经
30	买回制度与典权制度之研讨	李遂安	第十五届	法律系	宋维经
31	犯罪原因论	李林乐	第十五届	司法组	宋维经
32	现行法上典权制度之研究	戴质贤	第十五届	司法组	宋维经
33	婚姻之无效与撤销	王崇基	第十五届	法律系	宋维经
34	共犯论	王光春	第十五届	司法组	宋维经
35	我国刑罚之研究	井绍文	第十五届	法律系	宋维经
36	损害赔偿之研究	孙自田	第十五届	司法组	宋维经
37	典权之研究	李正泰	第十五届	司法组	宋维经
38	遗产之继承	曾椷繁	第十五届	司法组	宋维经
39	中国婚制论	朱君友	第十五届	法律系	宋维经
40	物权变动论	吴克谐	第十五届	司法组	宋维经
41	侵权行为之救济	甘思乐	第十五届	司法组	宋维经
42	抵押权论	蒋尚高	第十五届	法律系	宋维经
43	共犯之研究	胡守俭	第十五届	司法组	宋文钦

续表

序号	题名	学生	届别	系别	指导教师
44	行政裁判制度之研究	戈倬群	第十五届	法律系	杨兰荪
45	侵权行为之研究	康忠政	第十五届	法律系	杨兰荪
46	中国新宪法刍论	曾松年	第十五届	法律系	杨兰荪
47	宪法与宪政	费恩佐	第十五届	法律系	杨兰荪
48	典权之研究	寇文雍	第十五届	法律系	杨兰荪
49	刑事责任论	魏体仁	第十五届	法律系	杨兰荪
50	自由权之研究	张声明	第十五届	法律系	杨兰荪
51	耕者有其田的实施	宋质彬	第十五届	法律系	余群宗
52	耕地租用论	高成波	第十五届	法律系	余群宗
53	自耕农扶植与立法	张孝慈	第十五届	司法组	余群宗
54	共犯论	涂载厚	第十五届	法律系	赵念非
55	共犯之研究	廖代玉	第十五届	法律系	赵念非
56	所有权论	焦玺	第十五届	法律系	钟行素
57	不当得利之研究	王治中	第十六届	法律系	黄绶
58	论民主与法治	陈芳鼎	第十六届	法律系	黄绶
59	共犯论	史丕易	第十六届	法律系	黄绶
60	汉唐法制概略	柯庆生	第十六届	法律系	黄绶
61	离婚制度之研究	唐固	第十六届	法律系	黄绶
62	先秦法律思想概述	唐昌勋	第十六届	法律系	江之泳
63	法治建国研论	刘清波	第十六届	法律系	江之泳

附录一　国立四川大学时期法学毕业论文目录（部分）

序号	题名	学生	届别	系别	指导教师
64	时效制度要论	杨忠孝	第十六届	法律系	江之泳
65	军政府论	郭志杰	第十六届	法律系	刘世传
66	国际战争之意义	耿炳潭	第十六届	法律系	刘世传
67	在华外国法人之研究	陆文驹	第十六届	法律系	龙守荣
68	人民之基本权利与义务	施有德	第十六届	司法组	龙守荣
69	中国土地法中地税之使命	吴鹤松	第十六届	司法组	龙显铭
70	论遗产之取得人	陶泽寰	第十六届	司法组	龙显铭
71	民法上之故意过失及其责任之研究	宋承钦	第十六届	司法组	龙显铭
72	所得税法概论	沈毅	第十六届	法律系	裘千昌
73	过失责任之研究	马文龙	第十六届	司法组	裘千昌
74	民法侵权行为论	吴世珍	第十六届	司法组	宋维经
75	权利论	周庸	第十六届	司法组	宋维经
76	保安处分之理论的研究	王清操	第十六届	司法组	宋维经
77	民法上时效制度之研究	黄会轩	第十六届	法律系	宋维经
78	重婚之研究	傅承云	第十六届	法律系	宋维经
79	婚姻法论	周瑛	第十六届	法律系	宋维经
80	性的犯罪之研究	蒋济川	第十六届	司法组	宋维经

续表

序号	题名	学生	届别	系别	指导教师
81	法律行为效果之状态论	李大道	第十六届	司法组	宋维经
82	检察制度论	张位北	第十六届	司法组	宋维经
83	占有论	黄忠邦	第十六届	司法组	宋维经
84	所有权研究	刘梓青	第十六届	司法组	宋维经
85	遗产继承之研究	汪铁夫	第十六届	法律系	宋维经
86	英美法上之妨害法论	李永森	第十六届	法律系	宋维经
87	泛论立法权与司法权	袁正粟	第十六届	法律系	宋维经
88	论教唆犯之从属性	王成璧	第十六届	司法组	宋维经
89	典权制度论	余国安	第十六届	司法组	宋维经
90	民法非婚生子女之研究	黄嵩山	第十六届	司法组	宋维经
91	遗产继承人论	杨明杰	第十六届	司法组	宋维经
92	法人刑事责任论	易荣曾	第十六届	司法组	宋维经
93	时效制度之研究	陈羽	第十六届	司法组	宋维经
94	提审法之研究	熊亚民	第十六届	司法组	宋维经
95	结婚与离婚之研究	刘兴中	第十六届	司法组	宋维经
96	论陪审制度	王护民	第十六届	法律系	宋维经
97	离婚论	周静娴	第十六届	法律系	宋维经
98	现行法上婚姻问题之研究	陈武	第十六届	法律系	宋维经

附录一　国立四川大学时期法学毕业论文目录（部分）

续表

序号	题名	学生	届别	系别	指导教师
99	共犯之研究	田有海	第十六届	司法组	宋维经
100	共犯论	田慎修	第十六届	司法组	宋文钦
101	刑法故意过失之研究	陈镜秋	第十六届	司法组	宋文钦
102	民法上之权利	袁瑀	第十六届	司法组	宋文钦
103	中国公证法之研究	李超庸	第十六届	司法组	宋文钦
104	民法时效综论	钱文品	第十六届	法律系	杨兰荪
105	现行诉愿法之研究	郑洪渠	第十六届	司法组	杨兰荪
106	土地问题与土地法	吴孝午	第十六届	法律系	杨兰荪
107	质权的研究	贺学方	第十六届	司法组	杨兰荪
108	中国之法治与民主	陈万慎	第十六届	法律系	杨兰荪
109	代理制度论	王世铮	第十六届	法律系	杨兰荪
110	论法律行为之代理	田以文	第十六届	法律系	杨兰荪
111	中国宪法评论	文仪	第十六届	法律系	杨兰荪
112	损害赔偿法论	李大受	第十六届	法律系	杨兰荪
113	举证责任之分配	张时雍	第十六届	法律系	杨兰荪
114	意思表示之研究	赵德懋	第十六届	法律系	杨兰荪
115	中国契约法通论	蒋开琳	第十六届	法律系	杨兰荪
116	法律的方法之推定	聂心品	第十六届	法律系	张雨耕

续表

序号	题名	学生	届别	系别	指导教师
117	犯罪征表论	罗建文	第十六届	法律系	张雨耕
118	法律之价值与法律学之价值	何启智	第十六届	司法组	张雨耕
119	刑法上之因果关系论	方名伦	第十六届	司法组	赵念非
120	夫妻财产制论	黄先容	第十六届	法律系	钟行素
121	损害赔偿之理论	刘铭新	第十六届	法律系	钟行素
122	耕者有其田之理论与实践	赵学儒	第十六届	司法组	钟行素
123	所有权本质之研究	罗江焕	第十六届	司法组	钟行素
124	侵权行为论	王思武	第十六届	法律系	钟行素
125	中国婚姻法之研究	吴淑昭	第十六届	法律系	钟行素
126	中国婚姻法论	李汉章	第十六届	法律系	钟行素
127	中国土地问题及其解决之方策	刘登芸	第十六届	法律系	钟行素
128	论非婚生子女之法律地位	曾祥容	第十六届	法律系	钟行素
129	婚姻撤销之研究	吴道德	第十六届	法律系	钟行素
130	监狱行刑制度之研讨	袁慎安	第十六届	法律系	钟行素
131	民法婚姻类型之研究	李汉光	第十六届	法律系	钟行素
132	刑法上过失之研究	赵世纲	第十六届	司法组	钟行素

续表

序号	题名	学生	届别	系别	指导教师
133	现行强制执行法之研究	李经纬	第十七届	法律系	雷伯修
134	中国婚姻法论	彭懋章	第十七届	法律系	雷伯修
135	国际公法之理论根据	陈俊君	第十七届	法律系	刘世传
136	离婚法论	钟泽竟	第十七届	司法组	龙守荣
137	现行法上典权之研究	郑本达	第十七届	法律系	龙守荣
138	结婚之无效与撤销	陈历刚	第十七届	法律系	龙守荣
139	物权法上占有之研究	万代驹	第十七届	法律系	龙守荣
140	租赁法要论	蒋长文	第十七届	司法组	龙守荣
141	意思表示之研究	程瀛宣	第十七届	法律系	龙守荣
142	法英契约法上意思瑕疵之研究	陈立人	第十七届	司法组	龙守荣
143	法之源流	李盛隆	第十七届	法律系	龙守荣
144	现行法上抵押权之研究	唐念祖	第十七届	法律系	龙守荣
145	遗嘱	温成吉	第十七届	法律系	龙守荣
146	结婚与离婚	袁肇谦	第十七届	司法组	龙守荣
147	论法律行为效力之状态	熊质彬	第十七届	法律系	龙守荣
148	民法疑点研究	廖钟	第十七届	司法组	龙守荣
149	婚姻论	曾继贤	第十七届	法律系	龙守荣

续表

序号	题名	学生	届别	系别	指导教师
150	典权之研究	陈廷贵	第十七届	司法组	龙守荣
151	法律形式化之研究	邓承德	第十七届	法律系	龙守荣
152	占有之研究	唐成钧	第十七届	法律系	龙守荣
153	现行法上地上权之研究	许植儒	第十七届	司法组	龙守荣
154	现行诉愿法	易泽光	第十七届	法律系	龙显铭
155	保证契约论	刘祖庆	第十七届	司法组	龙显铭
156	共犯论	冉宏屏	第十七届	司法组	龙显铭
157	现行法上时效制度之研究	谢均	第十七届	法律系	龙显铭
158	侵权行为论	陈国瑞	第十七届	司法组	龙显铭
159	债之保全	杨新明	第十七届	司法组	龙显铭
160	合伙论	周仲芳	第十七届	法律系	龙显铭
161	现行法上典权之研究	郭特立	第十七届	司法组	龙显铭
162	代位继承论	梁有鸿	第十七届	司法组	龙显铭
163	我国土地问题与土地使用之商榷	伍璲如	第十七届	司法组	宋维经
164	意思表示之研究	孙登瀛	第十七届	法律系	宋维经
165	现行法上买卖之研讨	陈正柄	第十七届	司法组	宋维经
166	买卖之研究	简铸	第十七届	法律系	宋维经
167	无过失损害赔偿责任论	周树桐	第十七届	法律系	宋维经

续表

序号	题名	学生	届别	系别	指导教师
168	占有之研究	周焕奎	第十七届	法律系	宋维经
169	结婚论	陈志完	第十七届	司法组	宋维经
170	民法共有之研究	陈文华	第十七届	司法组	宋维经
171	财产犯罪论	陈恩重	第十七届	司法组	宋维经
172	离婚论	刘元琥	第十七届	司法组	宋维经
173	因果关系论	何景春	第十七届	司法组	宋维经
174	现行民法上所有权之研究	刘宗儒	第十七届	司法组	宋维经
175	中国土地法与平均地权	曾恕	第十七届	司法组	宋维经
176	婚姻之无效与撤销	萧光荣	第十七届	司法组	宋维经
177	犯罪论	吕俊	第十七届	法律系	宋维经
178	我国现行法上保安处分之研究	董千涛	第十七届	法律系	宋维经
179	结婚法新论	陈永芬	第十七届	法律系	宋维经
180	民法占有之研究	刘彦休	第十七届	司法组	宋维经
181	占有论	张志超	第十七届	法律系	宋维经
182	论我民法遗产继承人	张炽燊	第十七届	法律系	宋维经
183	权利滥用之研究	王文炳	第十七届	法律系	宋维经
184	法定离婚原因论	施能翊	第十七届	法律系	宋维经
185	侵权行为研论	黄秉章	第十七届	司法组	宋维经

续表

序号	题名	学生	届别	系别	指导教师
186	婚姻之无效与撤销	周贻耕	第十七届	司法组	宋维经
187	离婚立法之研究	熊子祥	第十七届	司法组	宋维经
188	科刑论	钟智刚	第十七届	司法组	宋维经
189	租赁法论	刘清群	第十七届	司法组	宋维经
190	共犯论	李德忠	第十七届	司法组	宋维经
191	特留分论	曹肃忠	第十七届	司法组	宋维经
192	未遂犯论	王启颐	第十七届	司法组	宋维经
193	亲子权义之研究	萧道真	第十七届	司法组	宋维经
194	亲子关系论	范克家	第十七届	司法组	宋维经
195	结婚之无效与撤销	刘鸿需	第十七届	法律系	宋维经
196	纳妾与重婚	刘炳君	第十七届	法律系	宋维经
197	民法上消灭时效与除斥期间之研究	谭永承	第十七届	司法组	宋维经
198	犯罪与豫防之研究	龙廉厚	第十七届	司法组	宋维经
199	遗嘱的效力及其撤销之研究	罗树玉	第十七届	法律系	宋维经
200	犯罪之研究	张懋修	第十七届	司法组	宋维经
201	典权之研究	袁教治	第十七届	司法组	宋维经
202	漫谈中国法系	任文信	第十七届	法律系	杨兰荪
203	现行法上损害赔偿之研究	饶邦儒	第十七届	司法组	杨兰荪

续表

序号	题名	学生	届别	系别	指导教师
204	宪法中政府组织之研讨	萧良材	第十七届	司法组	杨兰荪
205	我国妇女的法律地位	吴玉清	第十七届	法律系	杨兰荪
206	中华民国宪法之评议	萧星璧	第十七届	法律系	杨兰荪
207	中国宪法诠释	陈海璠	第十七届	法律系	杨兰荪
208	少年犯罪原因及预防方策之研究	曹宽	第十七届	法律系	杨兰荪
209	我国遗产继承之研究	王玫英	第十七届	法律系	杨兰荪
210	唯实主义的法律理论之研究	彭明模	第十七届	司法组	杨兰荪
211	五院制原理	高延龄	第十七届	司法组	杨兰荪
212	实施政宪的几个先决问题	何钦始	第十七届	法律系	杨兰荪
213	刑事责任意思研究	冉启油	第十七届	司法组	张恩煦
214	习惯与法律	杨春吉	第十七届	司法组	张雨耕
215	婚姻无效与撤销之研究	陆朝狱	第十七届	法律系	张雨耕
216	物权编中典权之研究	周培春	第十七届	司法组	张雨耕
217	不完全法律行为之研究	宋质业	第十七届	司法组	张雨耕
218	不当得利	吴昌棣	第十七届	司法组	张垂诚

续表

序号	题名	学生	届别	系别	指导教师
219	犯罪之违法的考察	段华文	第十七届	司法组	赵念非
220	罪刑法定主义之研究	蒋德谦	第十七届	法律系	赵念非
221	刑法类推解释	胡会文	第十七届	司法组	赵念非
222	现行法上养子女之研究	张祖修	第十七届	司法组	钟行素
223	法律行为之撤销	杨樾	第十七届	司法组	钟行素
224	结婚无效及撤销之研究	陈伯群	第十七届	法律系	钟行素
225	共犯之研究	程仲达	第十七届	法律系	钟行素
226	侵权行为之研究	陈良材	第十七届	法律系	钟行素
227	租赁关系之消灭	张有龄	第十七届	司法组	钟行素
228	妇女身份权论	辜绍先	第十七届	法律系	钟行素
229	结婚论	李遵矩	第十七届	法律系	钟行素
230	民法上法律行为之代理	王积山	第十七届	法律系	钟行素
231	健全司法论	唐治郡	第十七届	法律系	钟行素
232	犯罪论	李德骅	第十七届	司法组	钟行素
233	人类犯罪之研究	时微吉	第十七届	司法组	钟行素
234	婚姻预约与结婚论	杜德宣	第十七届	法律系	钟行素
235	中国之土地与人口问题	许宝珍	第十七届	司法组	钟行素
236	离婚立法之研究	袁钟奇	第十七届	法律系	钟行素

续表

序号	题名	学生	届别	系别	指导教师
237	遗嘱论	甘仲安	第十七届	司法组	钟行素
238	教唆犯论	杨友春	第十七届	司法组	周淦
239	共犯论	钟锡畴	第十七届	司法组	周淦
240	未遂犯之研究	黎文炜	第十七届	法律系	周淦
241	犯罪行为之责任论	黎一上	第十七届	司法组	周淦
242	未遂犯之研究	刘百里	第十七届	法律系	周淦
243	犯罪及犯罪搜查之研究	余自修	第十七届	司法组	周淦
244	盗罪论	吴宗明	第十七届	法律系	周淦
245	刑法保安处分之研究	陈炯如	第十七届	司法组	周淦
246	因果关系论	周丽金	第十七届	司法组	周淦
247	重婚之研究	王建昌	第十七届	司法组	周淦
248	刑事责任之研究	但茂修	第十七届	司法组	周淦
249	中国犯罪问题之研究	徐成相	第十七届	司法组	周淦
250	婚姻法论	罗国强	第十八届	法律系	钟行素
251	监狱制度之研究	张根培	第十八届	法律系	曹勤
252	刑法思想论	苏克俊	第十八届	法律系	郭超
253	唐律评述	高洪泰	第十八届	法律系	何敏诚
254	论法家与中国社会	谢纯意	第十八届	法律系	何敏诚
255	中华法系之研究	饶鸿鹏	第十八届	法律系	何敏诚

续表

序号	题名	学生	届别	系别	指导教师
256	离婚论	贺廷械	第十八届	法律系	李荣
257	犯罪要件之研究	孙国璋	第十八届	法律系	连春庚
258	从宪法的目的和功用谈中国法制	胡克君	第十八届	法律系	刘世传
259	我国现行宪法之分析	卢文宗	第十八届	法律系	刘世传
260	战时中国之权利与义务	王维礼	第十八届	法律系	刘世传
261	法律与道德	杨达	第十八届	法律系	刘世传
262	死刑废止论	周烈孙	第十八届	司法组	刘世传
263	新宪法之研究	罗国威	第十八届	法律系	刘世传
264	民主与法治	马长荣	第十八届	司法组	刘世传
265	安全保障理论之研究	萧守安	第十八届	法律系	刘世传
266	论代位继承	彭复恢	第十八届	司法组	龙守荣
267	契约实质成立要件及其效力之准据法	张光庆	第十八届	司法组	龙守荣
268	租赁论	尹献琔	第十八届	司法组	龙守荣
269	时效制度论	单传渊	第十八届	法律系	龙守荣
270	所有权论	赖世华	第十八届	法律系	龙守荣
271	民法典权之研究	王嘉梁	第十八届	法律系	龙守荣
272	意思表示发微	张从鹏	第十八届	法律系	龙守荣
273	离婚论	郭崇枢	第十八届	法律系	龙守荣

序号	题名	学生	届别	系别	指导教师
274	外国人地位之研究	王复汉	第十八届	法律系	龙守荣
275	债权契约之研究	杨社福	第十八届	法律系	龙守荣
276	国际私法中之法律抵触问题	李树文	第十八届	法律系	龙守荣
277	共犯之研究	杨锡五	第十八届	法律系	龙守荣
278	死刑存废论	符道怀	第十八届	法律系	龙守荣
279	特留分制度之研究	刘开永	第十八届	法律系	龙守荣
280	意思表示	贾中宇	第十八届	法律系	龙守荣
281	我国检察制度之商榷	李宗汇	第十八届	法律系	龙守荣
282	所有权与社会主义	黄树槐	第十八届	司法组	龙守荣
283	抵押权之研究	陈世永	第十八届	法律系	龙守荣
284	契约论	傅国彬	第十八届	法律系	龙守荣
285	犯罪与刑罚之研究	刘秉刚	第十八届	法律系	龙守荣
286	论公诉与自诉	卫锽	第十八届	法律系	龙显铭
287	占有论	刘开变	第十八届	法律系	龙显铭
288	结婚之无效及撤销	萧长明	第十八届	法律系	龙显铭
289	新宪法之检讨	唐永良	第十八届	法律系	龙显铭
290	时效制度论	刘天本	第十八届	司法组	龙显铭

续表

序号	题名	学生	届别	系别	指导教师
291	法律哲学之各派别	郭景泰	第十八届	司法组	龙显铭
292	过失责任之理论	刘竟成	第十八届	司法组	龙显铭
293	占有论	赵仕霖	第十八届	法律系	龙显铭
294	民法上的私权利及其行使	张国强	第十八届	法律系	龙显铭
295	民法上占有之研讨	蒋文仲	第十八届	司法组	龙显铭
296	民法上婚约之研究	邱正夏	第十八届	司法组	龙显铭
297	法律思想之发展	萧仲谦	第十八届	法律系	龙显铭
298	所有权论	刘衍荣	第十八届	司法组	龙显铭
299	仓库营业	朱锡永	第十八届	司法组	龙显铭
300	侵权行为论	边世茂	第十八届	司法组	龙显铭
301	现行法上买卖之研究	樊显富	第十八届	司法组	龙显铭
302	论现行宪法中之地方制度	张盛明	第十八届	法律系	龙显铭
303	婚姻论	卫家昀	第十八届	法律系	龙显铭
304	中华民国新宪法之研究	彭新国	第十八届	司法组	龙显铭
305	性与犯罪	刘德君	第十八届	司法组	裘千昌
306	中国民法养子制度之研究	陈悦宁	第十八届	司法组	裘千昌
307	权利滥用论	陈子全	第十八届	法律系	裘千昌

序号	题名	学生	届别	系别	指导教师
308	租赁研究	徐尚忠	第十八届	法律系	裘千昌
309	现行婚姻法论	周嗣德	第十八届	法律系	宋维经
310	刑罚与责任	郝绍隆	第十八届	司法组	宋维经
311	结婚论	谢俊尧	第十八届	司法组	宋维经
312	继承之遗产与特留分	甘懋萱	第十八届	法律系	宋维经
313	共犯论	龚烈	第十八届	法律系	宋维经
314	民法运送营业	曾文林	第十八届	法律系	宋维经
315	夫妻财产制论	张成智	第十八届	司法组	宋维经
316	婚姻法新论	万光承	第十八届	法律系	宋维经
317	留置权之研究	吕翰堂	第十八届	法律系	宋维经
318	民法上之遗产继承	胡永泉	第十八届	法律系	宋维经
319	婚姻之研究	张成瑛	第十八届	法律系	宋维经
320	共犯论	黄伯亨	第十八届	司法组	宋维经
321	民法契约论	刘仲鼎	第十八届	司法组	宋维经
322	特种租赁法条论	蔡庆开	第十八届	法律系	龙维光
323	刑事责任之研究	蔡焜章	第十八届	法律系	宋维经
324	不当得利论	刘奉麟	第十八届	法律系	宋维经
325	损害赔偿论（总论）	袁子初	第十八届	法律系	宋维经
326	刑事责任论	韦克刚	第十八届	法律系	宋维经
327	论刑法上之故意过失	谷家骢	第十八届	法律系	宋维经

续表

序号	题名	学生	届别	系别	指导教师
328	犯罪原因及其防治方法之研究	秦代纲	第十八届	司法组	宋维经
329	五大法家综合评论	李固	第十八届	法律系	宋维经
330	论民法上之代理制度	王禹九	第十八届	司法组	宋维经
331	法律行为之代理论	陈翔鼎	第十八届	法律系	宋维经
332	离婚论	陈植中	第十八届	法律系	宋维经
333	监狱行刑制度论	周淮骧	第十八届	司法组	宋维经
334	共犯之研讨	张裕孚	第十八届	法律系	宋维经
335	犯罪论	陈月根	第十八届	法律系	宋维经
336	侵权行为之研究	傅尚飞	第十八届	司法组	宋维经
337	劳动争议论	徐承泽	第十八届	法律系	宋维经
338	关于奸淫问题之立法沿革及其理由之研讨	伍春琪	第十八届	法律系	宋维经
339	犯罪之研究	吴德浦	第十八届	司法组	宋维经
340	离婚之研究	李放	第十八届	司法组	宋维经
341	所有权泛论	刘德薰	第十八届	法律系	宋维经
342	婚约之解除	雷裕中	第十八届	司法组	宋维经
343	保安处分之论榷	颜晖	第十八届	法律系	宋维经
344	重婚问题之研究	陶华桢	第十八届	法律系	宋维经
345	民事责任论	曾白如	第十八届	法律系	宋维经

续表

序号	题名	学生	届别	系别	指导教师
346	侵权行为论	刘德瑗	第十八届	法律系	宋维经
347	结婚之无效与撤销论	杨佩兰	第十八届	法律系	宋维经
348	婚姻之无效与撤销	干世裕	第十八届	司法组	宋维经
349	论刑事责任	袁嘉明	第十八届	法律系	苏兆祥
350	阻却违法性之研究	黄子健	第十八届	法律系	苏兆祥
351	奸淫与犯罪之研究	魏隆光	第十八届	法律系	苏兆祥
352	论中国的法治与法律教育	李访琴	第十八届	法律系	徐尔禧
353	保安处分之理论与实际	雷利型	第十八届	法律系	徐尔禧
354	犯罪原因论	黄维尧	第十八届	法律系	徐尔禧
355	共犯论	王高尚	第十八届	法律系	徐尔禧
356	宪法总纲章之研究	曾光杰	第十八届	司法组	杨兰荪
357	离婚之研究	王培功	第十八届	法律系	杨兰荪
358	侵权行为	高樺彬	第十八届	法律系	杨兰荪
359	收养制度在立法上之演进	邓纯英	第十八届	司法组	杨兰荪
360	国民大会论	陈家森	第十八届	司法组	杨兰荪
361	各国宪法对于人民基本权利义务保障规定研究	李南纪	第十八届	法律系	杨兰荪

续表

序号	题名	学生	届别	系别	指导教师
362	婚姻之发生与消灭	卢守贵	第十八届	司法组	杨兰荪
363	中国土地问题之研究	段邦固	第十八届	法律系	杨兰荪
364	中国检察制度改革之我见	吴伯让	第十八届	法律系	杨兰荪
365	论现行法上之婚姻制度	陈珂	第十八届	法律系	张垂诚
366	中国婚姻法之研究	董万任	第十八届	司法组	张垂诚
367	婚姻论	李良骏	第十八届	司法组	张垂诚
368	离婚论	罗世明	第十八届	法律系	张垂诚
369	离婚制度的研究	张家祥	第十八届	法律系	张先圻
370	婚姻无效与撤销之研究	李懋成	第十八届	法律系	张先圻
371	财产分离	贾权复	第十八届	法律系	张雨耕
372	日本继承法摘译	华正秋	第十八届	司法组	张雨耕
373	论权利	贺应唐	第十八届	法律系	赵念非
374	自然法思想批判	孔庆鳞	第十八届	法律系	赵念非
375	刑事责任之研究	郭耀武	第十八届	法律系	赵念非
376	保安处分之研究	胡良则	第十八届	法律系	赵念非
377	犯罪行为之探讨	王能才	第十八届	司法组	赵念非
378	近代刑法思想之变迁及我国现行刑法之研讨	罗炽昌	第十八届	司法组	赵念非

序号	题名	学生	届别	系别	指导教师
379	法家韩非思想之研究	马仁和	第十八届	法律系	赵念非
380	共犯之研究	韩永煜	第十八届	法律系	钟行素
381	耕者有其田论	雷玉田	第十八届	法律系	钟行素
382	犯罪原因论	廖澄中	第十八届	法律系	钟行素
383	中国土地问题及其对策	谢子高	第十八届	司法组	钟行素
384	侵权行为之研究	赵士伟	第十八届	法律系	钟行素
385	占有之研究	讨定方	第十八届	法律系	钟行素
386	怎样解决目前中国之土地问题	卓文刚	第十八届	法律系	钟行素
387	中国现行土地政策的研讨	张令笔	第十八届	法律系	钟行素
388	婚姻无效与撤销	刘鸿鼎	第十八届	法律系	钟行素
389	夫妻财产制要论	胡乃炘	第十八届	法律系	钟行素
390	数罪并罚论	叶权	第十八届	法律系	钟行素
391	犯罪之原因及其预防论	王懿之	第十八届	司法组	钟行素
392	婚姻法新论	陈显禄	第十八届	法律系	钟行素
393	中国土地登记论	张国维	第十八届	法律系	钟行素
394	科刑之研究	李万林	第十八届	法律系	钟行素
395	中国土地问题与土地立法	何高莹	第十八届	法律系	钟行素
396	未遂犯论	江正皋	第十八届	法律系	钟行素

续表

序号	题名	学生	届别	系别	指导教师
397	中国土地改革论	卢进之	第十八届	法律系	钟行素
398	犯罪略论	刘永祯	第十八届	法律系	钟行素
399	论举证责任的一般原理	萧文祥	第十八届	司法组	钟行素
400	共犯论	段佩环	第十八届	法律系	钟行素
401	论婚约	刘志良	第十八届	法律系	钟行素
402	未遂犯论	何信诰	第十八届	司法组	钟行素
403	中国亲属法上婚姻之研究	潘光易	第十八届	法律系	钟行素
404	中国监狱之研讨	魏文渊	第十八届	法律系	钟行素
405	婚姻之无效与撤销	王俊华	第十八届	法律系	钟行素
406	刑事责任	梅文灿	第十八届	司法组	周淦
407	共犯论	冯维林	第十八届	司法组	周淦
408	共犯论	杨荣欣	第十八届	司法组	周淦
409	犯罪之单数与复数	刘文光	第十八届	司法组	周淦
410	中国法律思想史	张鸢清	第十八届	司法组	周淦
411	刑事责任论	贺炳璋	第十八届	司法组	周淦
412	共犯论	周鑫信	第十八届	司法组	周淦
413	刑事责任论	卢泽三	第十八届	司法组	周淦
414	公诉之研究	何用若	第十八届	司法组	周淦
415	共犯论	郑光瑛	第十八届	法律系	周淦
416	教唆犯罪之研究	李瑞麟	第十八届	司法组	周淦

附录一 国立四川大学时期法学毕业论文目录（部分）

序号	题名	学生	届别	系别	指导教师
417	未遂犯之研究	黄治平	第十八届	法律系	周淦
418	教唆犯之从属性	胡翔林	第十八届	法律系	—
419	故意过失责任论	周先斌	第十八届	法律系	—

附录二　学院旧影

（20 世纪 30 年代—90 年代）

20 世纪 30 年代法学院院门

附录二　学院旧影（20 世纪 30 年代—90 年代）

20 世纪 30 年代法学院教室

20 世纪 40 年代法学院随校迁至峨眉山伏虎寺

1945 年法律系第十四届毕业生合影

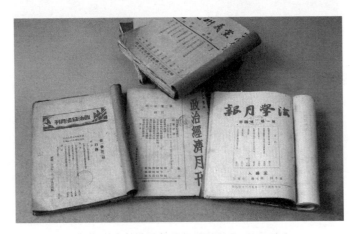

20 世纪 40 年代法学院主办的部分学术期刊

邵从恩先生（1871—1949）　　　谢盛堂先生（1879—1940）

吴君毅先生（1886—1961）　　　龙守荣先生（1887—1975）

朱显祯先生（1889—1943）

宋维经先生（1890—1963）

胡元义先生（1894—?）

赵念非先生（1898—1985）

胡恭先生（1899—1986）　　　　胡次威先生（1900—1988）

周淦先生（1900—1988）　　　　彭迪先先生（1908—1991）

1950 年法律系第十九级毕业生合影

1951 年法律系系务委员会印制的学习参考资料

1952 年法律系第二十四级师生在院系调整前离校留影

1984 年恢复建系后组织法律逻辑口试

1984 年参加全国高校法律专业教材审稿会的国内法学专家与
川大法律系领导合影

1984 年法律系师生参加学校运动会

1985 年法律系举行八五级开学典礼

1985 年法律系专修班学员上课场景

1985 年法律系举行预科班开学典礼

1986 年法律系师生参加四川大学建校八十周年庆典

1987 年法律系举办七一座谈会

作维护社会主义法律
尊严的忠诚卫士

八七年法律专科班毕业纪念

鄢国森　一九八七年

1987 年时任川大校长鄢国森为专修班毕业生题词留念

1988 年刑法学专业研究生入学复试

1991 年法律系八七级毕业合影

20世纪80年代法律系师生开展社会法律咨询活动

20世纪80年代法律系举行新党员入党宣誓仪式

20 世纪 90 年代初期的法律系图书资料室

1991 年法律系参加学校歌咏比赛

1991年法律系获得学校优秀班级称号

1993年法律系召开第一届团（学）代会

1996 年参加四川大学百年校庆的法学院老校友与学院领导合影

1997 年参加犯罪与刑法座谈会的国内刑法学学者与我院师生合影

编后记

在《法学教育近代化的地方实践》一书初稿完成时，我原计划将四川大学 1949 年以后的法学教育作为其下册，以《法学教育现代化的地方实践》为名一并出版。但因为搜寻史料耽误了进度，未能同时完成，而只能以这样的姊妹篇方式先后出版。这一年中，我们梳理到有关院系调整和恢复建系的更多史料，让四川大学法学教育的历史得以更加全面地展现出来。

与国内其他高校的法学教育类似，四川大学的法学教育在新中国成立初期，就面临院系调整这一教育制度史上的巨大变革。1952 年，四川大学法学教育中断；改革开放后，政法院校相继恢复法学教育，各大综合性大学也紧随其后重建法律系，1984 年，四川大学法学教育重新起航。在这两个现在看来普普通通的年份，许多法律人的命运都随着时代洪流而迁演、浮沉。将这两段历史的细节尽可能记录下来，让这两代法律人的际遇为后人所知，是我们这一代人的历史责任。

取名为法学教育近代化/现代化的地方实践，是因为作为一所位于西部地区的高校，四川大学的法学教育是这一百多年来中国法学教育历史的地方缩影。相较于民国时期的"北朝阳、南东吴"（张仁善教授指出还应加上"中中央"），新中国的"五院四系"，四川大学法学教育的历史略显普通，但中国法学教育的百年发展并不止于"显赫高校"的一面，四川大学和其他"普通高校"一起，构成中国法学教育史上不可或缺的另一半拼图。

本书原来的设计中还有"新世纪的四川大学法学教育"作为第三章，但我是 2000 年进入四川大学就读的，2000 年以后的四川大学法学教育史我便以学生和老师的身份参与了，这就让我很难以中立和超脱的视角来进行研究和评价，因此考虑许久，舍弃了这一章，留待今后的有心人续写。

本书第二章参考了四川大学法学院恢复建系 30 周年的访谈录，尤其要感谢李平老师、里赞老师专门接受了长时间的访谈，让我们了解到恢复建系初期的许多历史细节。里赞老师还提供了大量珍贵的历史照片，不过受 80 年代的条件所限，并不是所有师生都有照片保存下来，让人十分遗憾。因为历时较久，书中记录的一些人物和史实未必准确，如有谬误，请予谅解并指正。

和上本书一样，这本书的编写，仍要感谢四川大学法律史学科团队的老师和硕士生、博士生们的积极参与。张昊鹏和刘子璇作为本书的副主编，参与了历史部分的写作，杨则、黄静、曹云、何久源参与了人物部分的写作。感谢四川大学档案馆、四川大学图书馆、四川大学出版社的鼎力支持，让本书的

编后记

史料得以较为充分。本书的出版承四川省“天府万人计划”和四川大学社科处“青年杰出人才培育项目”等配套经费的支持。感谢同样是四川大学法学院校友的王冰编辑的辛勤工作，让这本书尽快付梓，与上本书一起共同构成了四川大学法学教育史的完整记录。

最后要说的是，由于本书的定位，许多访谈内容无法一一展现，要向许多热心提供线索的老师致歉。我想这是编写当代史的必然遗憾，一些情节暂时无法用正式出版的文字记录下来。四川大学法学教育史上有些生动的人、变迁的景、纷杂的事，都只能停留在我们共同的回忆之中。

刘昕杰
2023 年春于成都